Liebe Zweitklässlerin, lieber Zweitklässler,

im **Sachunterricht** der zweiten Klasse warten viele spannende Themen auf dich:

Sträucher und Tiere der Hecke	Kalender	Obst und Gemüse	Haustiere	Grundrisse	Müll	Ernährung	Uhr

Zu einigen dieser Themen wirst du in der Schule bestimmt einen Test schreiben. Dieses Heft kann dir helfen, dich darauf vorzubereiten.

Im Sachunterricht kommt es vor allem darauf an, dass du dir **Informationen gut merkst**. Dafür ist der **Informationsteil** da, mit dem jedes Kapitel beginnt. Lies ihn am besten gemeinsam mit deinen Eltern gründlich durch. Vergleiche ihn mit dem, was du in der Schule gelernt hast. Manchmal kann es Unterschiede geben.

Von mir bekommst du zusätzliche, spannende Informationen und **Tipps**, die dir beim Lernen helfen.

Im Anschluss folgen ein oder zwei **Tests**. Mit ihnen kannst du herausfinden, was du schon weißt und wo du noch einmal genauer nachlesen musst. Dazu solltest du auch die **Aufgabenstellung genau lesen** und richtig verstehen:

Wenn in der Aufgabe steht ...	**... bedeutet das:**
Nenne ...	Du musst die gefragten Dinge nacheinander aufschreiben. Achte auch auf die **Anzahl**, die oft dabeisteht.
Erkläre ...	Schreibe mehrere Sätze. Schreibe ganz **genau** und möglichst ausführlich. Verwende **Fachwörter**.
Begründe ...	Übernimm einen Teil der Frage und verwende das Wort „**weil**“. Schreibe einen oder mehrere **ganze Sätze**.

Mit dem **herausnehmbaren Lösungsteil** kannst du dann deine Antworten kontrollieren und verbessern. Lass dir dabei von einem Erwachsenen helfen. Mit den **Quizkärtchen** kannst du gemeinsam mit Freunden und Freundinnen oder deiner Familie dein Wissen prüfen oder ein Frage-Antwort-Spiel spielen. So bist du rundum gut vorbereitet und kannst dem Test in der Schule entspannt entgegensehen.

Ich wünsche dir viel Freude und Erfolg beim Lernen.

Leben in der Hecke

1 Heckenrose
2 Hasel
3 Schwarzer Holunder
4 Schlehdorn
5 Roter Hartriegel
6 Brombeere
7 Liguster

1 Weinbergschnecke
2 Zauneidechse
3 Kreuzspinne
4 Amsel
5 Goldlaufkäfer
6 Igel
7 Kohlmeise
8 Haselmaus
9 Rotkehlchen

Tiere und Pflanzen in der Hecke

In einer Hecke wachsen verschiedene Pflanzen und Sträucher **dicht** nebeneinander. In diesem Dickicht finden viele kleine Tiere **Schutz**, zum Beispiel:

▸ zum Überwintern

▸ zum Brüten

▸ um die Jungen aufzuziehen

In der Hecke finden viele Tiere ihre **Nahrung**. Der Pfeil ⟶ bedeutet: wird gefressen von.

Haselnuss ⟶ Maus

Schlehe ⟶ Amsel

Käfer ⟶ Eidechse

Die Tiere helfen dabei, dass neue Pflanzen wachsen können. Sie fressen die Früchte der Heckensträucher und scheiden die Samen aus. Aus den Samen entstehen neue Pflanzen.

Sträucher der Hecke

Die Sträucher kannst du an ihren Blättern, Blüten und Früchten erkennen.

Heckenrose Schwarzer Holunder Hasel Liguster

Achtung: Die Früchte einiger Sträucher sind nicht essbar oder sogar giftig. Iss niemals Früchte, die du nicht kennst.

Der Aufbau einer Pflanze: die Heckenrose

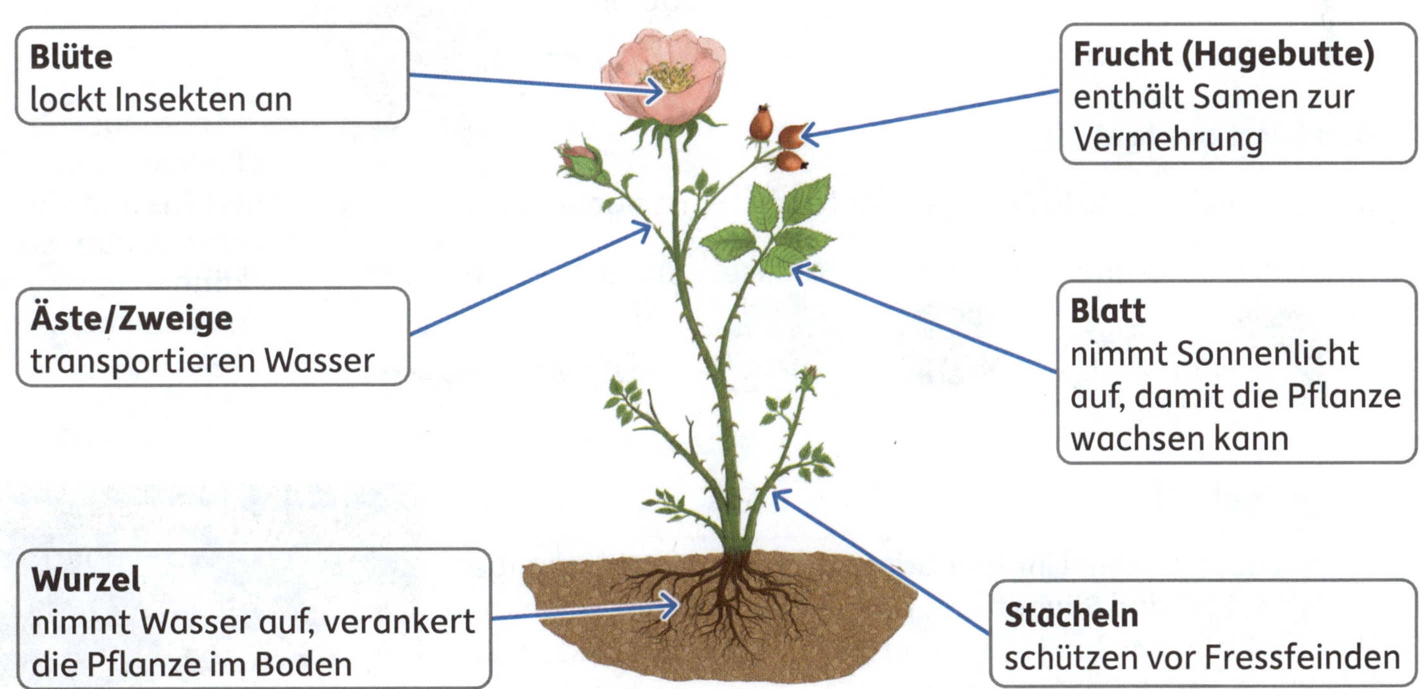

Die Hecke im Jahreslauf

Die Sträucher verändern sich. Hier siehst du die Heckenrose im Jahreslauf.

Der Igel – ein Bewohner der Hecke

Für das Leben in der Hecke ist der Igel gut ausgestattet.

Gute Ohren und eine **spitze Schnauze** mit einer **guten Nase** helfen ihm bei der Nahrungssuche. Sehen kann er nicht so gut.

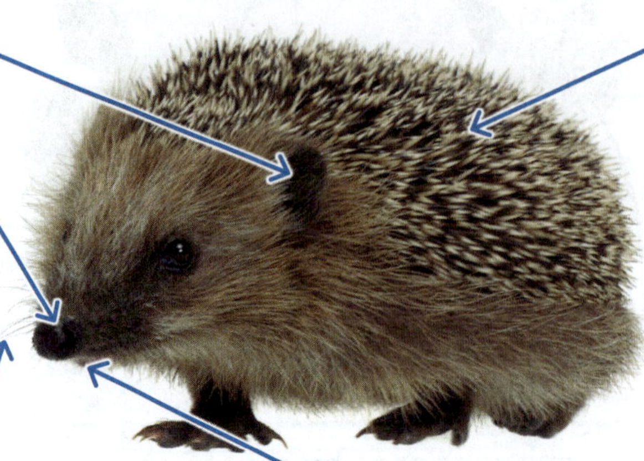

Stacheln schützen den Igel vor Feinden, zum Beispiel vor Fuchs, Eule und Marder.

Wenn Gefahr droht, **rollt sich der Igel ein** und sieht dann aus wie eine **Stachelkugel**.

Vor Autos oder Mährobotern bieten die Stacheln keinen Schutz. Viele Igel werden schwer verletzt oder sterben.

Tasthaare helfen ihm, sich im Dunkeln zurechtzufinden.

Mit seinen **scharfen Zähnen** kann er Insektenpanzer und Schneckenhäuser knacken.

Ein ausgewachsener Igel hat 6000 bis 8000 Stacheln.

Das frisst der Igel

Der Igel sucht seine Nahrung in der Nacht. Er ist **nachtaktiv**.

Käfer, Spinnen, Eier, Mäuse, Schnecken, Würmer

Achtung: Schnecken und Würmer frisst ein Igel manchmal, aber sie können ihn krank machen.

Junge Igel

Einmal oder zweimal im Jahr bringt das Igelweibchen Junge zur Welt. Igel sind **Säugetiere**. Die jungen Igel trinken ungefähr fünf Wochen lang Milch von ihrer Mutter. Sie sind noch blind. Ihre Stacheln sind weich.

Winterschlaf

Im Winter würde der Igel keine Nahrung finden. Deshalb muss er sich ein dickes **Fettpolster** anfressen, bevor es draußen kälter wird. Er sucht sich einen geschützten Platz, zum Beispiel in einer dichten Hecke oder einem Laubhaufen. Dort rollt er sich ein und hält ungefähr von November bis März **Winterschlaf**. Sein Herz schlägt dann langsamer und er atmet weniger. So verbraucht er sein Fettpolster nur langsam.

Test 1: Tiere und Sträucher der Hecke

1 **Sträucher der Hecke: Was gehört zusammen? Verbinde.**

Schwarzer Holunder

Hasel

Heckenrose

/3

2a **Tiere der Hecke: Nenne 3 verschiedene Tiere mit ihrem genauen Namen.**

/3

2b **Warum leben so viele Tiere in einer Hecke? Schreibe 2 Gründe auf.**

Sie finden dort

/2

3a **Beschrifte die Teile der Heckenrose.**

/4

3b **Kreise Teile im Bild bei Aufgabe 3a mit der angegebenen Farbe ein:**

Dieser Teil der Heckenrose lockt Insekten an.

Dieser Teil ist zuständig für die Vermehrung.

Dieser Teil verankert die Pflanze im Boden.

/3

Von 15 Punkten hast du ____ erreicht.

Test 2: Tiere und Sträucher der Hecke

1a **Schreibe die genauen Namen dieser Tiere auf.**

/4

1b **Schreibe 3 Pflanzen auf, die in der Hecke vorkommen.**

/3

2 **Warum leben in der Hecke viele Tiere? Kreuze die richtigen Sätze an.**

◯ Sie finden dort Nahrung.
◯ In einer Hecke können Tiere ihr Nest bauen.
◯ In einer Hecke wird kein Tier von anderen gefressen.

/3

3 **Nummeriere die Bilder in der richtigen Reihenfolge.**

/1

4 **Auf einem Spaziergang entdeckt Tom einen Strauch mit roten Früchten. Er greift danach und will sie sich in den Mund stecken. Was sagst du ihm?**

/2

5 **Aus manchen Früchten oder Blüten der Heckensträucher kann man etwas Essbares herstellen. Schreibe ein Beispiel auf.**

Aus ______ kann man ______ machen.

/1

Von 14 Punkten hast du _____ erreicht.

Test 3: Der Igel – ein Heckenbewohner

1 Was frisst der Igel? Kreise ein. /3

2 Welche Körperteile helfen dem Igel bei der Nahrungssuche?
Schreibe 2 Körperteile auf. /2

3 Was macht der Igel im Winter? Kreuze an. Richtig oder falsch.

	richtig	falsch
Vor dem Winter muss sich der Igel ein Fettpolster anfressen.	○	○
Igel müssen bei Menschen im Haus Winterschlaf halten.	○	○
Während des Winterschlafes schlägt sein Herz langsamer.	○	○

/3

4b Nenne 2 Feinde des Igels. /2

4b Der Igel hat eine besondere Möglichkeit, sich vor Feinden zu schützen.
Beschreibe in ganzen Sätzen. /2

5 Welche Wörter passen in die Lücken? Achtung: Zwei Wörter bleiben übrig.

blind Haustier spitz Säugetier weich

Der Igel ist ein ______. Das heißt, die jungen Igel bekommen nach der Geburt Milch von ihrer Mutter. Die Igeljungen sind bei ihrer Geburt ______, ihre Stacheln sind ______. /3

Von 15 Punkten hast du _____ erreicht.

Wir orientieren uns im Kalender

Die 12 Monate

Ein Jahr hat **12 Monate**, die sich immer wiederholen, wie in einem Kreis.

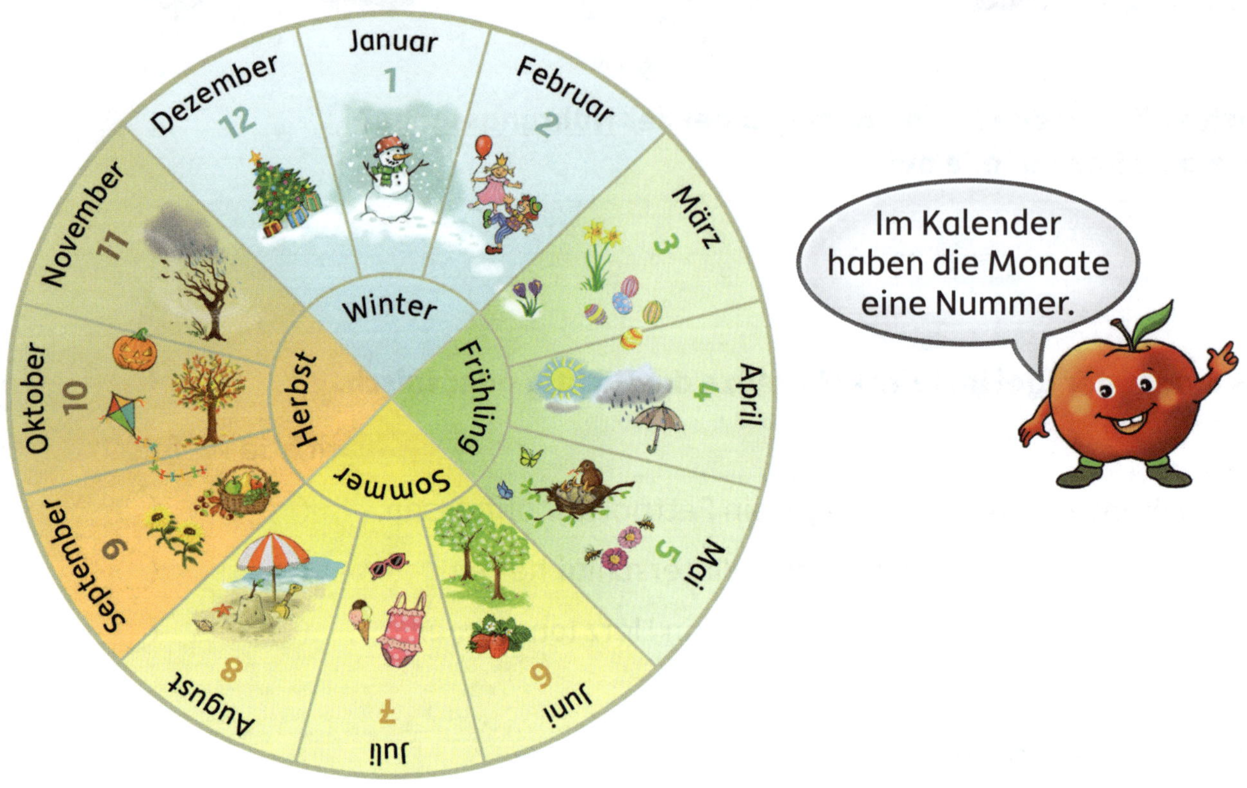

Die Monate haben unterschiedlich viele **Tage, nämlich 31 oder 30**.
Der Februar ist eine Ausnahme. Er hat nur 28 Tage, aber
alle vier Jahre hat der Februar einen Tag mehr: Dann sind es 29 Tage.
Diese Jahre nennt man **Schaltjahre.**

Der Fingerknöcheltrick

Mit deinen Fäusten kannst du dir das merken: Monate auf einem Knöchel haben **31 Tage**, Monate in einer Vertiefung haben **30 Tage**. Der **Februar** ist eine **Ausnahme**.

Zähle die Monate der Reihe nach auf und zeige dabei auf die Knöchel und die Vertiefungen.

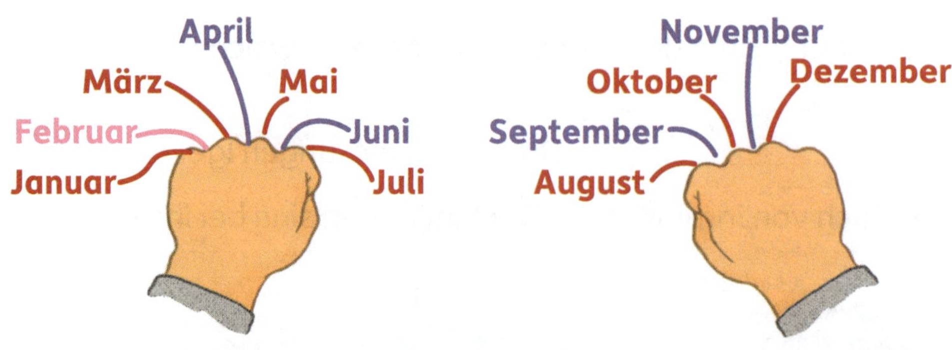

So schreibst du das Datum

13.	**10.**	**2023**
Nummer, die der **Tag** im Monat hat	Nummer des **Monats**	Jahreszahl

Zwischen den Zahlen steht jeweils ein Punkt.

Jahreszeiten

Das Jahr wird nicht nur in Monate unterteilt, sondern auch in **vier Jahreszeiten**:

- **Frühling** → Frühlingsmonate sind **März**, **April** und **Mai**.
- **Sommer** → Sommermonate sind **Juni**, **Juli** und **August**.

- **Herbst** → Herbstmonate sind **September**, **Oktober** und **November**.

- **Winter** → Wintermonate sind **Dezember**, **Januar** und **Februar**.

Für Expertinnen und Experten

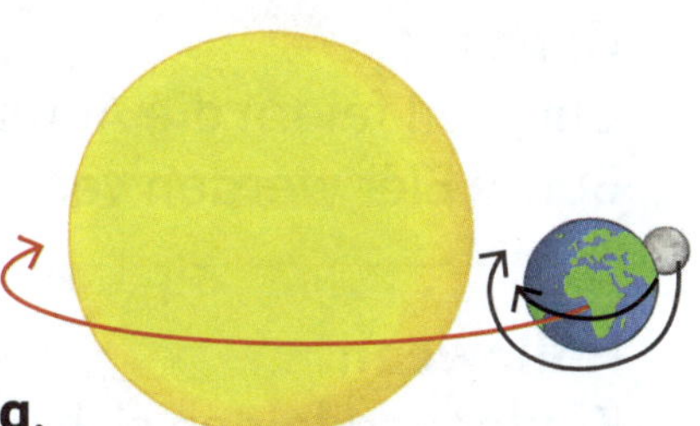

Die **Erde wandert** um die Sonne. Das dauert ungefähr ein **Jahr**.

Der **Mond wandert** um die Erde.
Das dauert ungefähr einen **Monat**.

Die **Erde dreht sich um sich selbst**. Das dauert ungefähr einen **Tag**.

Das Jahr in Zahlen

Ein Jahr hat **4** Jahreszeiten,
12 Monate,
52 Wochen,
365 Tage (Schaltjahr: 366 Tage).

Verschiedene Kalender

Mit Kalendern können wir uns im Jahr zurechtfinden. Es gibt viele verschiedene:

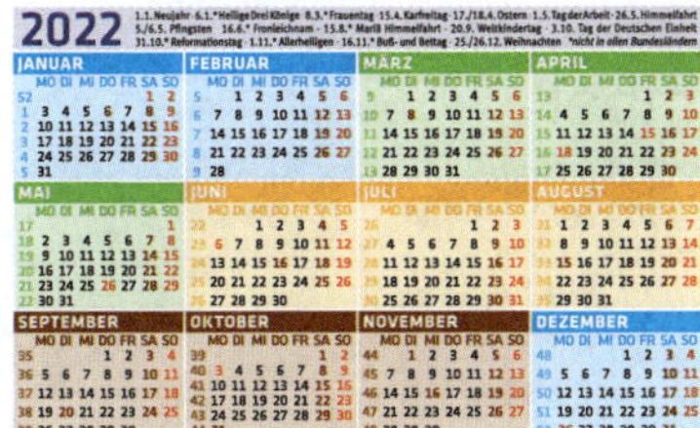

Jahreskalender

Hier siehst du das ganze **Jahr** auf einen Blick.

Monatskalender

Hier ist jeder **Monat** auf einem eigenen Blatt.

Abreißkalender

Es gibt für jeden **Tag** ein eigenes Blatt.

Feste im Jahreskreis

Im Lauf eines Jahres feiern wir verschiedene Feste.
Manche haben ein festes Datum, bei anderen ändert es sich.

Schau im Kalender für dieses Jahr nach!

Name und Beschreibung des Fests	Zeitpunkt oder Zeitraum	Datum & Wochentag dieses Jahr:
Fasching/Fastnacht/Karneval Das Ende des Winters wird gefeiert. Die Menschen verkleiden sich und feiern oft auf den Straßen. Für Christen beginnt anschließend die Fastenzeit bis Ostern.	Februar oder März	
Ostern Christen feiern die Auferstehung Jesu. Bunte Eier werden versteckt.	März oder April	
Halloween Kinder verkleiden sich und ziehen von Haus zu Haus. Sie bekommen Süßigkeiten.	31. Oktober	
Chanukka Das jüdische Lichterfest erinnert an die Einweihung des zweiten jüdischen Tempels in Jerusalem vor über 2000 Jahren.	November/ Dezember	
Weihnachten Christen feiern die Geburt Jesu. Sie stellen geschmückte Tannenbäume in die Wohnung.	24.-26. Dezember	
Silvester Mit Feuerwerk um Mitternacht wird das neue Jahr begrüßt.	31. Dezember	
Ramadan und Zuckerfest Fastenmonat und Fest des Fastenbrechens der Muslime, an dem sich Familien besuchen und wieder gemeinsam essen. Kinder bekommen Süßigkeiten und Geld geschenkt.	Jahreszeit und Monat ändern sich.	
Mein **Geburtstag**		

Test 1: Rund um den Kalender

1 Vervollständige die Sätze.

Gerade haben wir das Jahr ______.

Es hat ______ Tage, ______ Wochen und ______ Monate. /4

2 Verbinde die Monate mit der richtigen Jahreszeit.

Oktober Mai August Januar

Frühling Herbst Winter Sommer /4

3 Schreibe das Datum in Zahlen.

JUNI 03 DONNERSTAG KW22 2021

JANUAR 07 DIENSTAG KW02 2020

DEZEMBER 30 DONNERSTAG KW52 2027

/3

4 Welcher Monat kommt davor, welcher danach?

______ September ______

______ Dezember ______

______ März ______ /6

5 Welche dieser Monate haben genau 30 Tage? Male sie aus.

April Dezember Februar Oktober November Juni /3

6 Hanna sagt: „Ich habe am 31. September Geburtstag.“ Glaubst du ihr das? Begründe.

______ /2

Von 22 Punkten hast du ______ erreicht.

Test 2: Rund um den Kalender

1 Zu welcher Jahreszeit gehören diese Monate? Schreibe auf.

November: ______ April: ______ /2

2 Richtig oder falsch. Kreuze an.

	richtig	falsch
Das Jahr hat 365 oder 366 Tage.	○	○
In einem Schaltjahr hat der Februar 30 Tage.	○	○
In einem Jahr umrundet die Erde einmal die Sonne.	○	○

/3

3 Das Datum schreibt man in Zahlen. Welcher Monat ist hier gemeint? Schreibe seinen Namen auf.

23.10.2021 ______ 5.3.2022 ______ /2

4 Wie viele Tage haben die Monate? Male sie mit der richtigen Farbe an.

Dezember 30 Tage Juli 31 Tage August September /4

5 Pedro sagt: „Ich habe eigentlich nur alle 4 Jahre richtig Geburtstag." Wann hat er Geburtstag? Schreibe das Datum auf und begründe.

______

______ /2

6 Was gehört zusammen? Verbinde richtig.

1. Januar	Ein neues Jahr beginnt.
Zuckerfest	Viele Familien feiern Weihnachten.
24. Dezember	Muslime feiern das Ende der Fastenzeit.

/3

Von 16 Punkten hast du ____ erreicht.

Test 3: Rund um den Kalender

1 Welche Monate fehlen? Fülle die Lücken aus.

Januar, Februar, ______, April, Mai, ______, ______,

August, September, Oktober, ______, Dezember /4

2 Immer 3 Kärtchen gehören zusammen. Male sie mit der gleichen Farbe an.

Herbst

Sommer

Oktober

August

Dezember

Winter

/3

3 Schreibe das Datum in Zahlen auf.

4. Oktober 2022		2. Februar 2020	
13. Mai 2021		14. April 1999	
31. Januar 2016		10. Oktober 2030	

/3

4a Schreibe 2 Monate auf, die 31 Tage haben. /2

4b Schreibe 2 Monate auf, die genau 30 Tage haben. /2

5 Wie viele Blätter hat dieser Kalender? Begründe deine Antwort. /2

Von 16 Punkten hast du ____ erreicht.

Obst und Gemüse

Es gibt viele verschiedene Sorten Obst und Gemüse. Sie enthalten viele **Vitamine** und **Nährstoffe**, die dein Körper braucht. Deshalb sind sie **gesund**. Obst und Gemüse sind manchmal **schwer zu unterscheiden**. Diese Merkmale sind erste Hinweise:

	Obst	Gemüse
Geschmack	Schmeckt oft **süß** oder **säuerlich**. Es kann **roh** gegessen werden.	Schmeckt eher **herzhaft**, wird oft gewürzt. Manche Sorten sind nur essbar, wenn man sie kocht, zum Beispiel Kartoffeln, Bohnen.
Pflanze	Wächst meist an **mehrjährigen** Pflanzen (Baum oder Strauch).	Wächst meist an **einjährigen** Pflanzen: Es muss jedes Jahr neu gesät oder angepflanzt werden.

Verschiedene Sorten Obst

Kernobst (hat ein Kernhaus)

Apfel

Birne

Steinobst (hat nur einen größeren Kern im Innern)

Zwetschge

Pfirsich

Aprikose

Pflaume

Kirsche

Weitere Obstsorten

Johannisbeere

Erdbeere

Himbeere

Blaubeere

Brombeere

Stachelbeere

Ananas

Kiwi

Mandarine

Orange

Weintraube

Banane

Zitrone

Mango

Wassermelone

Honigmelone

Melonen sind mit Gurken und Kürbissen verwandt, schmecken aber süß. Sie stehen also zwischen Obst und Gemüse.

Woher kommt unser Obst?

Wir unterscheiden **heimisches Obst** und **Südfrüchte**.

Viele Sorten Obst und Gemüse wachsen **bei uns** in Deutschland. Man kann sie frisch ernten, das schmeckt besonders gut. Diese Obst- und Gemüsesorten müssen **nicht weit transportiert** werden. Das ist **umweltfreundlich**.

Wir nennen sie **heimisches Obst**. Heimische Obstsorten sind zum Beispiel Äpfel, Birnen, Zwetschgen, Erdbeeren, Himbeeren und Johannisbeeren.

Südfrüchte wachsen in **wärmeren Ländern**. Sie brauchen zum Reifen mehr Sonne. Zu den Südfrüchten gehören zum Beispiel Orangen, Mandarinen, Bananen, Ananas und Mangos. Bis sie im Supermarkt ankommen, haben sie einen **weiten Weg**.

Wann können wir in Deutschland Obst und Gemüse im Freien ernten?

Obst und Gemüse reifen zu unterschiedlichen Jahreszeiten. Manche Sorten können über mehrere Monate geerntet werden. Hier findest du eine grobe Übersicht:

Frühling:

Erdbeeren

Frühlingszwiebel, Spargel

Herbst:

Äpfel, Birnen, Trauben, Pflaumen, Zwetschgen

Kartoffeln, Kürbis, Rotkohl, Feldsalat, Spinat

Sommer:

Johannisbeere, Himbeere, Brombeere, Kirsche, Aprikose

Tomate, Paprika, Zucchini, Bohnen, Gurke, Kopfsalat, Karotte, Brokkoli, Blumenkohl

Winter:

Rosenkohl, Feldsalat, Spinat

Achte beim Einkaufen von Obst und Gemüse auf die Herkunft und überlege, ob es gerade in die Jahreszeit passt.

Verschiedene Gemüsesorten

Welchen Teil der Gemüsepflanze essen wir?

Gemüse können wir in verschiedene Gruppen einteilen. Dabei ist es wichtig, welchen Teil der Gemüsepflanze wir essen.

Wurzelgemüse

Bei diesen Gemüsesorten essen wir die **Wurzel** oder **Knolle** der Pflanze: Karotte, Rettich, Radieschen.

Blattgemüse

Bei diesen Gemüsesorten essen wir die **Blätter** der Pflanze: Kopfsalat, Rotkohl, Spinat.

Fruchtgemüse

Bei diesem Gemüse essen wir die **Frucht**, also das, was sich aus der Blüte entwickelt, so **wie bei allen Obstsorten**. Deshalb werden diese Sorten auch manchmal zum Obst gezählt: Tomate, Paprika, Gurke, Kürbis.

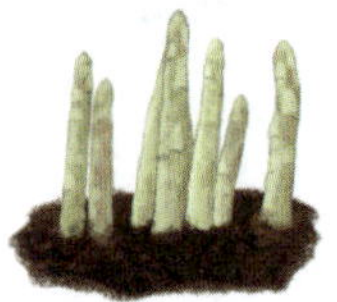

Stängelgemüse und Blütengemüse

Bei Spargel, Fenchel, Stangensellerie, Rhabarber und Kohlrabi essen wir den **Stängel** der Pflanze, bei Blumenkohl und Brokkoli die **Blüte.**

Hülsenfrüchte

Bei Erbsen, Linsen und Bohnen essen wir die **Samen** der Pflanzen.

So wächst eine Bohne

Steckst du eine Bohne in die Erde, wächst daraus eine neue Pflanze. Von dieser kannst du dann wieder neue Bohnen ernten.

1

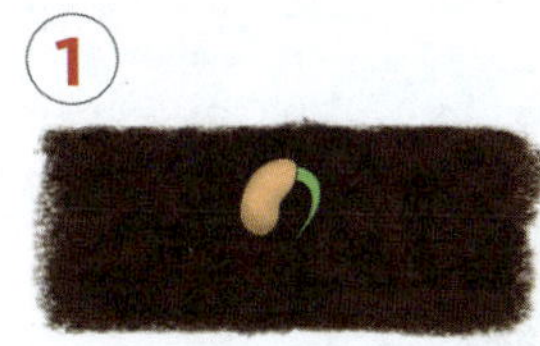

Die Keimwurzel bricht durch die Schale des Samens.

2

Der Keimling wächst. Keimblätter brechen durch die Schale des Samens und kommen an die Oberfläche.

3

Der Keimling richtet sich auf und wächst gerade nach oben.

4

Die Pflanze wächst weiter und verzweigt sich. Neue Blätter entstehen. Auch die Wurzel wächst.

5

Die Bohnenpflanze blüht.

6

Aus den Blüten entwickeln sich längliche, grüne Hülsen. Sie enthalten mehrere neue Bohnen. Du kannst sie ernten und als neue Samen verwenden.

Probiere es aus. Du brauchst einen Blumentopf, etwas Blumenerde und eine Bohne (z. B. Buschbohne).

Beobachte deine Bohne jeden Tag. Du kannst deine Beobachtungen in einem Tagebuch aufschreiben.

Test 1: Obst und Gemüse

1a **Schreibe die Namen der Gemüsesorten auf.**

1b **Verbinde die Gemüsesorten mit dem richtigen Korb.**

Wurzelgemüse

Fruchtgemüse

Blattgemüse

/3

/3

2 **Nenne je eine Gemüsesorte, die zum Satz passt.**

Von dieser Gemüsepflanze essen wir den Stängel:

Von dieser Gemüsepflanze essen wir die Blüte:

/2

3a **Opa möchte eine Gemüsesuppe kochen. Schreibe 4 Sorten Gemüse auf, die sich dafür eignen.**

/4

3b **Sara möchte einen Rohkostsalat zubereiten. Schreibe 4 Sorten Gemüse auf, die sich dafür eignen.**

/4

4 Zeichne die Obstsorten genau und mit Farbe.

Erdbeere | Zwetschge | Weintraube

/3

5 Nenne je 2 Obstsorten:

Steinobst	Kernobst	Südfrüchte

/6

6 Kreuze an, zu welcher Jahreszeit die Früchte und Gemüsesorten bei uns in Deutschland reifen.

Kirsche	◯ Frühling	◯ Sommer	◯ Herbst	◯ Winter
Rosenkohl	◯ Frühling	◯ Sommer	◯ Herbst	◯ Winter
Spargel	◯ Frühling	◯ Sommer	◯ Herbst	◯ Winter
Johannisbeeren	◯ Frühling	◯ Sommer	◯ Herbst	◯ Winter

/4

7 Beim Einkauf von Obst und Gemüse kannst du auf die Umwelt achten. Wer denkt auch daran? Male die Sprechblasen grün an.

Im Supermarkt gibt es immer alle Sorten Obst. Ich kaufe, was mir schmeckt.

Mangos müssen sehr weit mit dem Schiff oder dem Flugzeug transportiert werden, bis sie bei uns sind. Ich schaue lieber nach einer anderen Obstsorte.

Ich freue mich immer, wenn im späten Frühling die Erdbeeren reif sind. Am liebsten pflücke ich sie selbst auf dem Erdbeerfeld.

An Weihnachten essen wir immer frische Himbeeren zum Nachtisch.

/2

Von 31 Punkten hast du ____ erreicht.

Test 2: Obst und Gemüse

1a **Kreise Obst rot und Gemüse blau ein.**

1b **Schreibe nun den richtigen Namen dazu.**

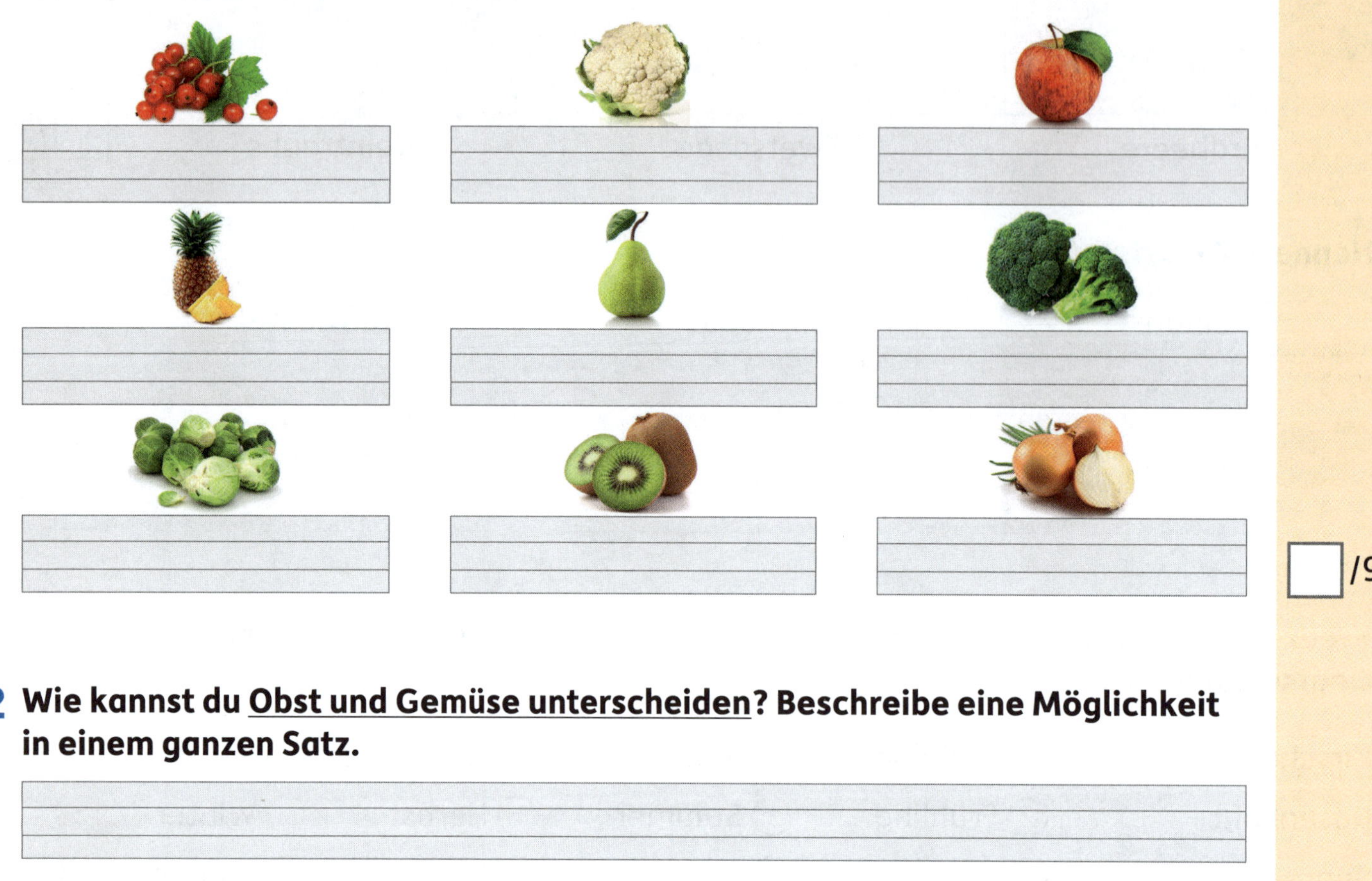

/9

2 **Wie kannst du Obst und Gemüse unterscheiden? Beschreibe eine Möglichkeit in einem ganzen Satz.**

/2

3 **Löse die Gemüserätsel. Schreibe die richtige Gemüsesorte auf.**

Von diesem Gemüse isst du die Wurzel. Es ist klein, rot und rund. Manchmal schmeckt es leicht scharf.

Von diesem Gemüse isst du die Frucht. Meist findest du es in den Farben rot, gelb oder grün. Viele Kinder essen es gerne roh, weil es knackig und saftig ist.

Dieses Gemüse reift im Herbst. An Halloween sieht man es oft als Laterne mit gruseligem Gesicht. Auch die Kerne kann man essen.

/3

4 **Welchen Teil der Pflanze essen wir bei diesen Gemüsesorten?**

/4

5a **Wie wächst eine Bohne? Nummeriere die Bilder.**

5b **Lies die drei Sätze und verbinde sie mit dem richtigen Bild.**

Aus den Blüten entwickeln sich längliche grüne Hülsen.

/1

Die Keimwurzel bricht durch die Schale des Samens.

Der Keimling richtet sich auf und wächst gerade nach oben.

/3

6a **Sophie möchte für ihren Geburtstag im September eine Obstplatte machen. Dabei ist es ihr wichtig, die Umwelt zu schonen. Welche Obstsorten kannst du ihr empfehlen? Kreise ein.**

/3

6b **Warum hast du dich für diese Obstsorten entschieden? Begründe mit einem ganzen Satz.**

/1

Von 26 Punkten hast du ____ erreicht.

Haustiere

Mensch und Tier

Wildtiere

Sie leben in der Natur **ohne den Menschen**.

Zum Beispiel: Amsel, Igel, Eichhörnchen.

Nutztiere

Sie leben **bei Menschen** und werden von ihnen versorgt. Sie **unterstützen** die Menschen bei der Arbeit oder liefern ihnen **Nahrung** und **Werkstoffe**.

Zum Beispiel: Kuh (Milch, Fleisch, Leder), Schwein (Fleisch), Huhn (Eier, Fleisch), Schaf (Wolle, Milch), Biene (Honig, Wachs), Pferd (Reiten, früher: Feldarbeit).

Haustiere

Sie leben bei Menschen und werden meistens wie ein **Familienmitglied** gesehen, mit dem man gerne seine Zeit verbringt. Der Mensch sorgt dafür, dass es seinem Haustier gut geht.

Zum Beispiel: Hund, Katze, Meerschweinchen, Wellensittich.

Welches Haustier passt zu mir?

- Wie viel Zeit habe ich, mich um das Tier zu kümmern?
- Wie viel Aufmerksamkeit braucht das Tier?
- Was machen wir im Urlaub mit dem Tier?

- Wie viel kostet die Anschaffung des Tieres?
- Wie viel Geld brauche ich jeden Monat für das Tier? (Futter, Pflege, Tierarzt)
- Haben wir so viel Geld zur Verfügung?

- Wie wohnen wir? Sind Tiere in der Wohnung erlaubt?
- Haben wir genug Platz, damit das Tier sich wohlfühlen kann?

Im Internet, in Tierbüchern oder in der Zoohandlung findest du Informationen zu deinem Haustier.

Die Katze als Haustier

Katzen sind **Raubtiere**. Sie stammen von der **Wildkatze** ab. Sie sind gut für die Jagd ausgerüstet:

Katzen haben **gute Ohren** und eine **feine Nase**. Das hilft ihnen beim Aufspüren der Beute.

Katzen sind schnell und sehr beweglich. Der **lange Schwanz** hilft ihnen, das Gleichgewicht zu halten.

Katzen haben ein **Raubtiergebiss** mit spitzen Fangzähnen.

Die **Tasthaare** helfen der Katze, Abstände richtig einzuschätzen.

Sie können gut springen, klettern und balancieren. Dabei helfen ihnen ihre **kräftigen Hinterbeine**.

An den Pfoten haben Katzen weiche **Hautballen**. Damit können sie sich gut anschleichen. Zum Klettern oder Jagen können sie dann ihre **scharfen Krallen** ausfahren.

Katzen sind **nachtaktiv.** Sie sehen auch im Dunkeln gut, weil ihre Pupillen viel Licht hereinlassen.

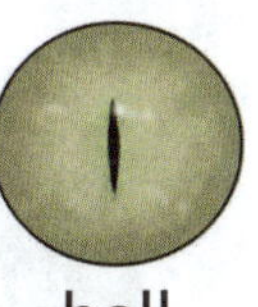

hell

dunkel

Katzen sind sehr **reinliche Tiere**. Sie pflegen ihr Fell mit ihrer rauen Zunge.

Katzen sind **Einzelgänger.** Sie haben ihren eigenen Willen.

Männliche Katzen heißen **Kater**.

So jagt die Katze

anschleichen

lauern

springen und fangen

Was eine Katze braucht

Damit sich eine Katze in der Wohnung wohlfühlt, braucht sie verschiedene Dinge.

Katzentoilette mit Katzenstreu

Spielzeug

Katzenkorb

Napf, Futter, frisches Wasser

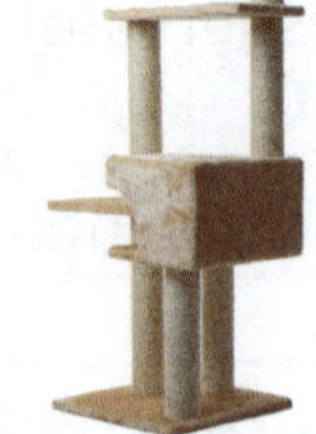

Kratzbaum

Wenn die Katze es mag, kannst du mit ihr spielen oder sie lässt sich streicheln. Wenn sie sich wohlfühlt, schnurrt sie.

Der Hund als Haustier

Der Hund stammt vom **Wolf** ab. Wölfe leben in **Rudeln** mit einem **Leittier**. Deshalb sehen Hunde die Familie, bei der sie leben, als eine Art Rudel an, in dem es auch ein Leittier geben muss. Hunde lassen sich gut erziehen und können viel lernen.

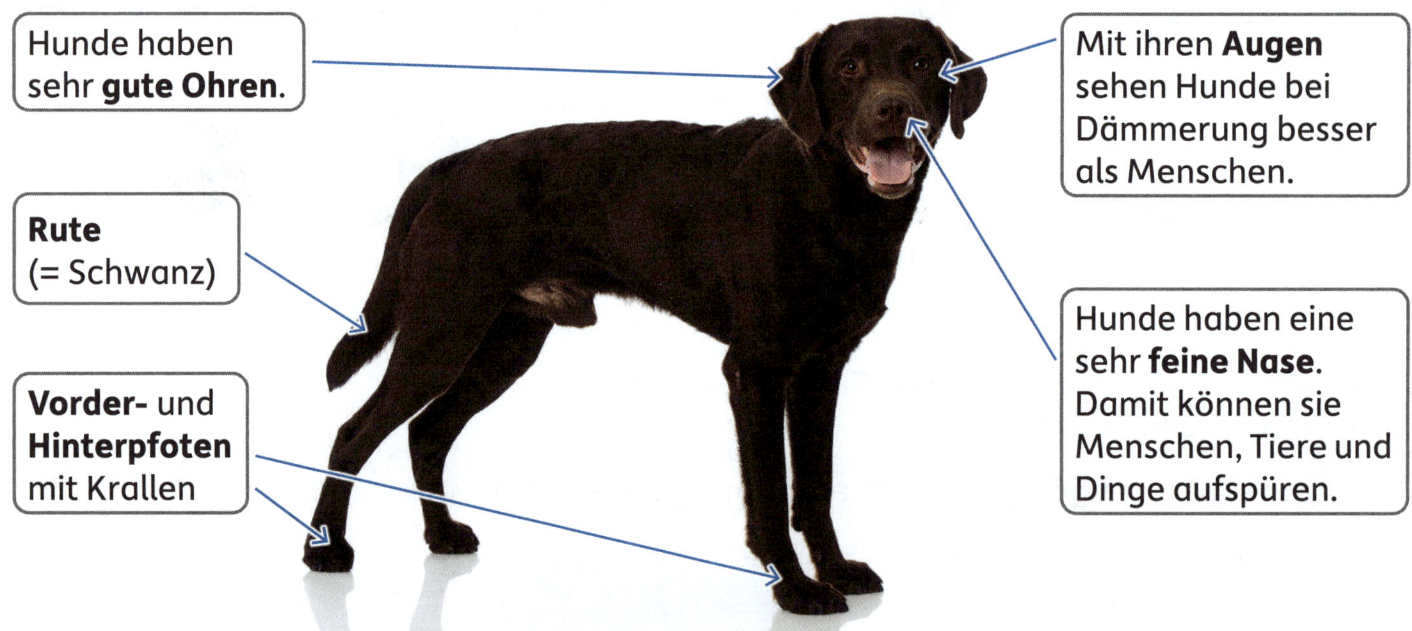

Was ein Hund braucht

Ein Hund braucht **Futter**, einen **Napf**, eine **Trinkschüssel**, einen **Schlafplatz** und eine **Leine**.

Er muss auch regelmäßig zum **Tierarzt**, zum Beispiel zum Impfen.

Besonders wichtig ist es aber, dass er **Zeit und Aufmerksamkeit** bekommt, zum Beispiel zum Spielen und Toben. Hunde wollen nicht zu lange alleine sein. Sie brauchen täglich sehr viel **Bewegung und Auslauf**. Die Familie muss bereit sein, mehrmals täglich und bei jedem Wetter mit dem Hund Gassi zu gehen.

Tests im Sachunterricht

Lernzielkontrollen 2. Klasse

Lösungen

Dieser Lösungsteil ist herausnehmbar!
Klammern in der Mitte des Heftes öffnen!

Test 1: Tiere und Sträucher der Hecke (Seite 5)

1

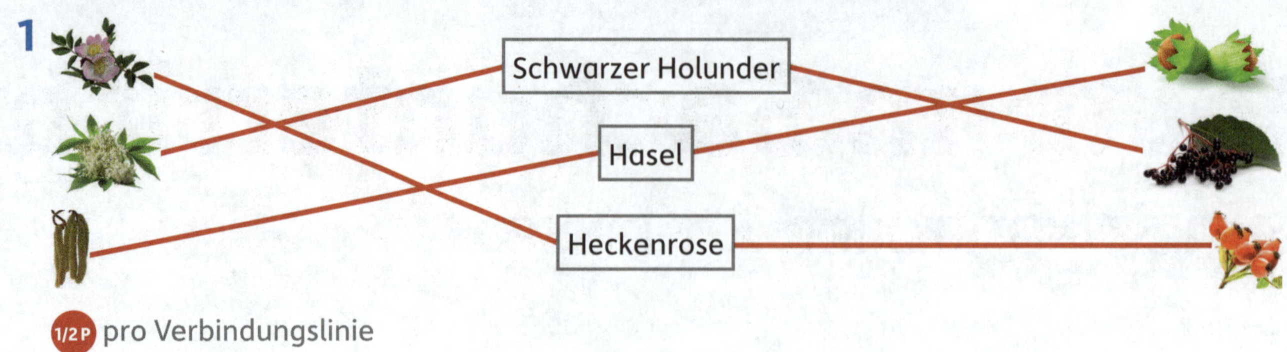

1/2 P pro Verbindungslinie

2a Mögliche Antworten findest du am Anfang des Informationsteils. Achte darauf, dass du die genauen Namen aufschreibst, also **Weinbergschnecke** und nicht nur Schnecke oder **Kohlmeise** und nicht nur Vogel. 1P pro Tiername

2b Sie finden dort **Nahrung** 1P und **Schutz** 1P.

3a
3b

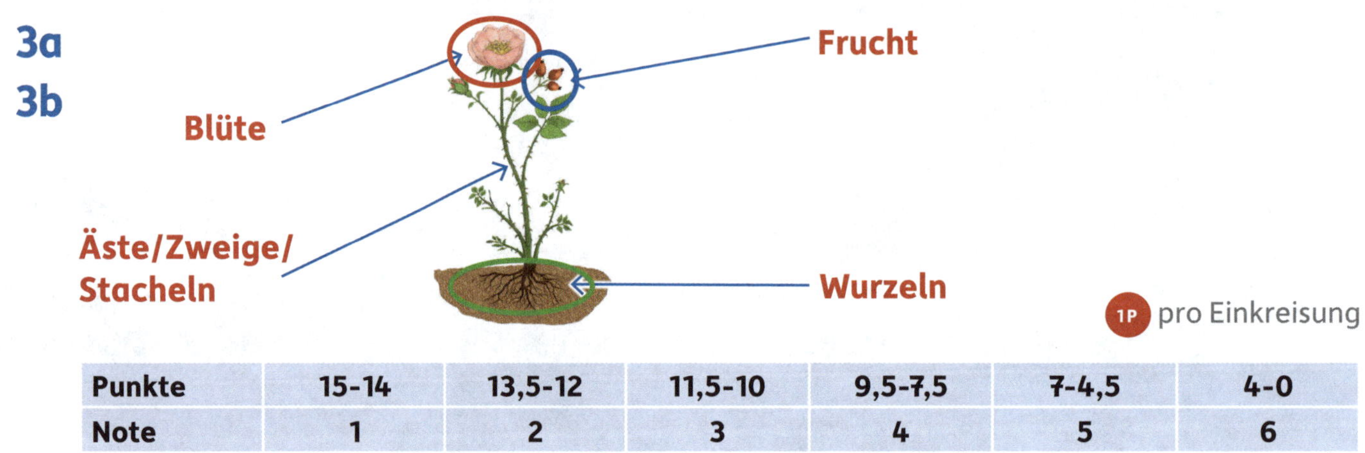

1P pro Einkreisung

Punkte	15-14	13,5-12	11,5-10	9,5-7,5	7-4,5	4-0
Note	1	2	3	4	5	6

Test 2: Tiere und Sträucher der Hecke (Seite 6)

1a

 **Kohlmeise**

 **Haselmaus**

 **Kreuzspinne**

 **Amsel**

1b Mögliche Antworten findest du am Anfang des Informationsteils. Achte darauf, dass du die genauen Namen aufschreibst, also **Schwarzer Holunder** und nicht nur Holunder.

2
- ☒ Sie finden dort Nahrung.
- ☒ In einer Hecke können Tiere ihr Nest bauen.
- ○ In einer Hecke wird kein Tier von anderen gefressen.

jeweils 1P pro angekreuztem oder nicht angekreuztem Satz

3

4 

2 

1 

3 

4 Stopp! Iss nie Früchte, die du nicht ganz sicher kennst 1P. Sie können giftig 1P sein.

5 **Beispiele:** Aus **Hagebutten** 1/2P kann man **Marmelade/Tee** 1/2P machen.
Aus **Holunderbeeren/Holunderblüten** 1/2P kann man **Saft/Sirup** 1/2P machen.

Punkte	14-13	12,5-11	10,5-9	8,5-7	6,5-3	2,5-0
Note	1	2	3	4	5	6

Test 3: Der Igel – ein Heckenbewohner (Seite 7)

1      

1/2P pro eingekreistes oder nicht-eingekreistes Bild

2 Bei der Nahrungssuche helfen dem Igel seine **guten Ohren** 1P und seine **gute Nase** 1P. So kann er kleine Tiere aufspüren. Seine spitze Schnauze gelangt auch in Laubhaufen oder lose Erde.

3

	richtig	falsch
Vor dem Winter muss sich der Igel ein Fettpolster anfressen.	⊗	○
Igel müssen bei Menschen im Haus Winterschlaf halten.	○	⊗
Während des Winterschlafes schlägt sein Herz langsamer.	⊗	○

4a Feinde des Igels sind zum Beispiel **Fuchs**, **Marder**, **Eule** oder **Auto**.
2 Möglichkeiten, jeweils 1P

4b Der Igel schützt sich vor Feinden, indem er sich einrollt 1P. Er sieht dann aus wie eine Stachelkugel 1P. Vor Autos schützt ihn dies aber leider nicht.

5 Der Igel ist ein **Säugetier**. Das heißt, die jungen Igel bekommen nach der Geburt Milch von ihrer Mutter. Die Igeljungen sind bei ihrer Geburt **blind**, ihre Stacheln sind **weich**.

Punkte	15-14	13,5-12	11,5-10	9,5-7,5	7-4,5	4-0
Note	1	2	3	4	5	6

Test 1: Rund um den Kalender (Seite 11)

1 **Trage das aktuelle Jahr ein.**
Es hat **365/366** (Die Jahre 2024, 2028, 2032 ... haben 366 Tage.) Tage, **52** Wochen und **12** Monate.

2 Oktober – Herbst, Mai – Frühling, August – Sommer, Januar – Winter

Oktober	Mai	August	Januar
Frühling	Herbst	Winter	Sommer

3

JUNI 03 DONNERSTAG KW22 2021	 JANUAR 07 DIENSTAG KW02 2020	 DEZEMBER 30 DONNERSTAG KW52 2027
03.06.2021	**07.01.2020**	**30.12.2027**
oder: **3.6.21**	**7.1.20**	**30.12.27**

4

August	September	**Oktober**
November	Dezember	**Januar**
Februar	März	**April**

5 April Dezember Februar Oktober November Juni

1/2 P pro angemaltes oder nicht angemaltes Kästchen

6 **Nein**, das glaube ich **nicht** 1P. Der September hat **nur 30 Tage** 1P, sodass sie nicht am 31. September Geburtstag haben kann. Diesen **Tag gibt es nicht**.

Punkte	**22-20**	**19,5-18**	**17,5-15**	**14,5-11**	**10,5-6,5**	**6-0**
Note	**1**	**2**	**3**	**4**	**5**	**6**

Test 2: Rund um den Kalender (Seite 12)

1 November: **Herbst** April: **Frühling**

2

	richtig	falsch
Das Jahr hat 365 oder 366 Tage.	☒	○
In einem Schaltjahr hat der Februar 30 Tage.	○	☒
In einem Jahr umrundet die Erde einmal die Sonne.	☒	○

3 23.10.2021 **Oktober** 5.3.2022 **März**

4

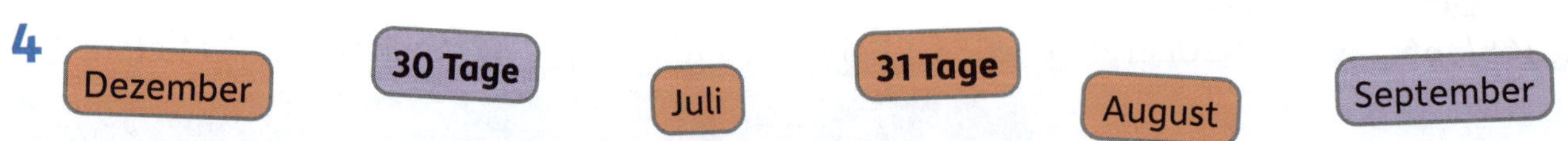

5 Ich denke, Pedro hat am **29. Februar** (29.02.) Geburtstag 1P, weil es diesen Tag nur alle 4 Jahre gibt, wenn ein **Schaltjahr** ist 1P. In einem Schaltjahr hat der Februar 29 statt 28 Tage.

Tipp: Wenn du etwas begründen sollst, kannst du das Wort „weil“ in deinem Satz verwenden. Achte aber darauf, dass es nicht ganz am Anfang steht.

6

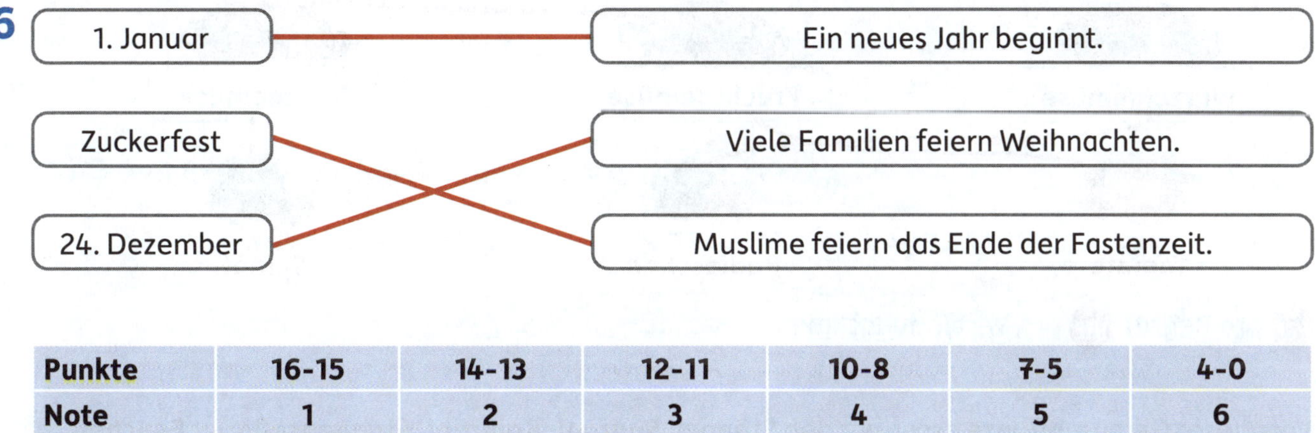

Punkte	**16-15**	**14-13**	**12-11**	**10-8**	**7-5**	**4-0**
Note	**1**	**2**	**3**	**4**	**5**	**6**

Test 3: Rund um den Kalender (Seite 13)

1 Januar, Februar, **März**, April, Mai, **Juni**, **Juli**,
August, September, Oktober, **November**, Dezember

2

3

4. Oktober 2022	**04.10.2022 / 4.10.22**	2. Februar 2020	**02.02.2020 / 2.2.20**
13. Mai 2021	**13.05.2021 / 13.5.21**	14. April 1999	**14.04.1999 / 14.4.99**
31. Januar 2016	**31.01.2016 / 31.1.16**	10. Oktober 2030	**10.10.2030 / 10.10.30**

4a Mögliche Antworten sind **Januar**, **März**, **Mai**, **Juli**, **August**, **Oktober** oder **Dezember**.

4b Mögliche Antworten sind **April**, **Juni**, **September** oder **November**.

5 Das ist ein **Monatskalender**, weil er für **jeden Monat ein Blatt** hat 1P, so dass es **insgesamt 12 Blätter** sind 1P. Wenn man das Deckblatt mitzählt, sind es insgesamt 13 Blätter. (Auch richtig: Werden auch die Rückseiten bedruckt, sind es nur 6 oder 7 Blätter.)

Punkte	**16-15**	**14-13**	**12-11**	**10-8**	**7-5**	**4-0**
Note	**1**	**2**	**3**	**4**	**5**	**6**

Test 1: Obst und Gemüse (Seite 18)

1a
1b

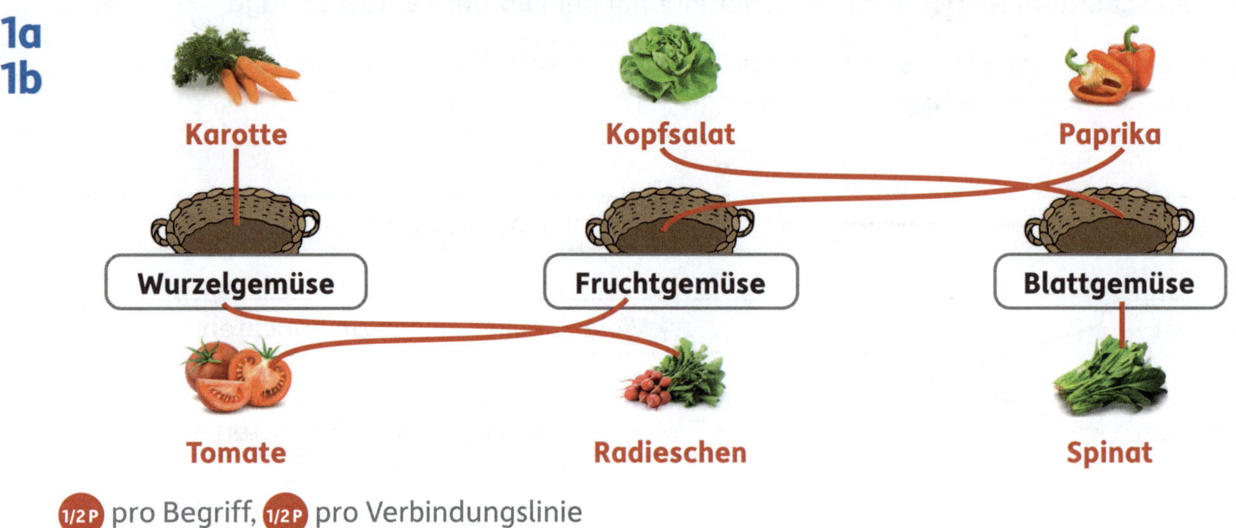

1/2 P pro Begriff, 1/2 P pro Verbindungslinie

2 Von dieser Gemüsepflanze essen wir den Stängel: **Spargel, Kohlrabi, Stangensellerie, Fenchel**

Von dieser Gemüsepflanze essen wir die Blüte: **Blumenkohl, Brokkoli**

3a Für eine Gemüsesuppe eignen sich **Kartoffeln**, **Karotten**, **Blumenkohl**, **Tomaten**, **Bohnen**, **Erbsen**, **Brokkoli**, **Lauch**, **Kohlrabi**, **Kürbis**, **Paprika**, **Zwiebeln**, **Spargel**, **Sellerie**, **Zucchini**. Es sind auch noch weitere Gemüsesorten möglich.

3b Für einen Rohkostsalat eignen sich alle **Blattsalate**, **Tomaten**, **Gurke**, **Paprika**, **Radieschen**, **Rettich**, **Zwiebeln**, **Karotten**, **Stangensellerie**.

4

Erdbeere | Zwetschge | Weintraube

5 **Steinobst**: Zwetschge, Pflaume, Pfirsich, Nektarine, Aprikose, Mirabelle, Kirsche

Kernobst: Apfel, Birne, Nashi-Birne, Quitte

Achtung: Auch andere Obstsorten haben Kerne, zum Beispiel Wassermelonen, Zitronen, Mandarinen oder Orangen. Zum Kernobst zählen aber nur die Sorten, die ein Kernhaus haben.

Südfrüchte: Mango, Ananas, Banane, Zitrone, Mandarine, Clementine, Orange, Kiwi, Papaya, Maracuja

6

Kirsche	○ Frühling	☒ Sommer	○ Herbst	○ Winter
Rosenkohl	○ Frühling	○ Sommer	☒ Herbst **oder**	☒ Winter
Spargel	☒ Frühling **oder**	☒ Sommer	○ Herbst	○ Winter
Johannisbeeren	○ Frühling	☒ Sommer	○ Herbst	○ Winter

Falls du es ganz genau wissen möchtest:
Kirschen reifen in Deutschland etwa zwischen Ende Mai und August, Johannisbeeren ungefähr im Juni bis Juli. Rosenkohl kann man etwa von Ende Oktober bis Ende Februar ernten, Spargel ungefähr von Ende April bis Ende Juni.

7

Im Supermarkt gibt es immer alle Sorten Obst. Ich kaufe, was mir schmeckt.

Mangos müssen sehr weit mit dem Schiff oder dem Flugzeug transportiert werden, bis sie bei uns sind. Ich schaue lieber nach einer anderen Obstsorte.

Ich freue mich immer, wenn im späten Frühling die Erdbeeren reif sind. Am liebsten pflücke ich sie selbst auf dem Erdbeerfeld.

An Weihnachten essen wir immer frische Himbeeren zum Nachtisch.

1/2P pro angemalte oder nicht-angemalte Sprechblase

Punkte	31-29	28,5-26,5	26-22	21,5-15,5	15-11	10,5-0
Note	1	2	3	4	5	6

Test 2: Obst und Gemüse (Seite 20)

1a
1b

Rote Johannisbeere

Blumenkohl

Apfel

Ananas

Birne

Brokkoli

Rosenkohl

Kiwi

Zwiebel

2 Mögliche Antworten sind:

Obst und Gemüse kann ich am **Geschmack** 1P unterscheiden. Obst schmeckt oft süß oder säuerlich 1P.

oder

Ich kann Obst und Gemüse anhand der **Pflanze** 1P unterscheiden, an der es wächst. Obst wächst meist an Bäumen oder Sträuchern (mehrjährige Pflanzen), Gemüse muss meist jedes Jahr neu gesät oder gepflanzt werden (einjährige Pflanzen) 1P.

oder

Ich kann Obst und Gemüse daran unterscheiden, welchen **Teil der Pflanze man essen kann** 1P. Bei Obstsorten essen wir die Frucht, also das, was sich aus der Blüte entwickelt. Bei manchen Gemüsesorten kann man das auch, es gibt aber auch Sorten, bei denen wir andere Teile essen, zum Beispiel die Wurzel oder die Blätter 1P.

3 Radieschen
Paprika
Kürbis

4

Wurzel

Blätter

Frucht

Blüte

5a
5b

6a

1/2 P pro eingekreistes oder nicht-eingekreistes Bild

6b Ich habe mich dafür entschieden, weil diese Obstsorten **in Deutschland im September** im Freien geerntet werden können 1P. Sie müssen **nicht so weit transportiert** werden, das schont die Umwelt.

Wenn du etwas begründen sollst, kannst du das Wort "weil" in deinem Satz verwenden. Achte aber darauf, dass es nicht ganz am Anfang steht.

Punkte	**26-24**	**23,5-21**	**20,5-17**	**16,5-13**	**12,5-8**	**7,5-0**
Note	**1**	**2**	**3**	**4**	**5**	**6**

Test 1: Haustiere (Seite 26)

1 Mögliche Antworten, jeweils 1P

Nutztier	Haustier	Wildtier
Kuh, Schaf, Schwein, Huhn, Biene	**Hund, Meerschweinchen, Katze, Wellensittich**	**Amsel, Igel, Eichhörnchen, Haselmaus, Rotkehlchen**

2 Nutztiere liefern den Menschen **Nahrung** und **Werkstoffe** zum Beispiel für Kleidung oder **helfen** ihnen zum Beispiel beim Tragen von Lasten 1P. Haustiere werden meistens wie ein Familienmitglied gesehen 1P.

Quizkärtchen zum Ausschneiden, Spielen, Üben und Spaßhaben.

Nenne **3 Heckensträucher**.

Nenne **3 Tiere**, die in der Hecke leben, mit ihren **genauen Namen**.

Warum leben viele Tiere in der Hecke? **Was finden** viele Tiere in der Hecke?

Wozu brauchen viele Tiere den **Schutz** der Hecke?

Wie heißt der **Strauch**, zu dem diese Blätter und Früchte gehören?

Zu welchem **Strauch** gehört dieser Zweig?

Welches **Lebensmittel** kann man aus der Frucht der Heckenrose herstellen?

Kannst du alle **Früchte** der Heckensträucher **essen**?

Zu welchem **Strauch** gehört dieser Zweig?

Zu welchem **Strauch** gehört dieser Zweig?

Welche **Aufgaben** haben die **Wurzeln** eines Strauches?

Welche **Aufgabe** hat die **Blüte** eines Strauches?

Was **frisst** der Igel? Nenne **3 Dinge**.

Wie heißen die **Haare**, die der Igel um die Schnauze herum hat und die ihm bei der Orientierung helfen?

Nenne **2 Feinde** des Igels.

Wie schafft es der Igel, den ganzen **Winter ohne Nahrung** auszukommen?

Wovon **ernähren** sich neugeborene Igel?

Ist der **Igel tagaktiv** oder **nachtaktiv**?

Vor welchem Feind kann der Igel sich **nicht schützen**?

Wie schützt sich ein Igel vor Feinden?

Nenne einen Strauch der Hecke, dessen **Früchte giftig** sind.

In der Hecke leben viele Tiere, weil sie dort **Nahrung** und **Schutz** finden.

Beispiele:
Weinbergschnecke, Igel, Zauneidechse, Amsel, Kreuzspinne, Kohlmeise, Haselmaus, Rotkehlchen

Beispiele:
Heckenrose, Hasel, roter Hartriegel, schwarzer Holunder, Schlehdorn, Brombeere, Liguster

Der Zweig gehört zur **Heckenrose**.

Das ist die **Hasel**, der **Haselstrauch** oder der **Haselnussstrauch**.

Viele Tiere brauchen den Schutz der Hecke zum **Brüten**, zum **Überwintern** oder um ihre **Jungen aufzuziehen**.

Der Zweig gehört zum **Holunderstrauch**.

Nein, die Früchte können **auch giftig sein**. Ich esse niemals unbekannte Früchte von Sträuchern.

Aus Hagebutten kann man **Tee** oder **Marmelade** herstellen.

Die Blüte eines Strauches **lockt Insekten** an.

Die Wurzeln **verankern** die Pflanze im Boden und **nehmen Wasser auf**.

Der Zweig gehört zum **Liguster**.

Beispiele:
Fuchs, Eule, Marder, Auto

Das sind die **Tasthaare**.

Beispiele:
Schnecken, Würmer, Käfer, Spinnen, Eier, Mäuse

Der Igel ist **nachtaktiv**.

Neugeborene Igel trinken **Milch** bei der **Igelmutter**.

Er frisst sich ein **Fettpolster** an. Während des Winterschlafes **atmet** er **weniger** und sein **Herz** schlägt **langsamer**.

Die Früchte des **Ligusters** sind giftig.

Wenn Gefahr droht, **rollt sich der Igel ein** und sieht dann aus wie eine Stachelkugel.

Vor **Autos** können den Igel seine Stacheln nicht schützen.

Wie heißt der **11. Monat** im Jahr?

Welche **Monate** gehören zum **Sommer**?

Welche Monate haben **31 Tage**?

Welcher Monat kommt **vor dem April**? Welcher **danach**?

Wie heißt dieses Datum **in Zahlen**?

12. Oktober 2022

Welcher Monat hat immer **weniger als 30 Tage**?

Welcher Monat hat in einem **Schaltjahr** einen Tag mehr, nämlich **29 Tage**?

Welcher **Monat** ist mit diesem Datum gemeint?

03.07.2022

In welchem **Monat** feiern Christen das Weihnachtsfest?

Wie viele **Monate** hat **ein Jahr**?

Um welchen **Monat** handelt es sich?

16.09.2022

Welche **Monate** gehören zum **Winter**?

In welchem **Monat** liegt dieses Datum?

05.08.2021

Wie heißt der **Fastenmonat** der Muslime?

Wie heißt das Fest, das am **letzten Tag des Jahres** gefeiert wird?

Wie lange dauert es ungefähr, bis die **Erde die Sonne einmal umrundet** hat?

Wie lange dauert es ungefähr, bis die **Erde sich einmal um sich selbst** gedreht hat?

Wie viele **Tage** hat ein **Jahr**?

Welcher Monat kommt **vor dem Dezember**? Welcher **danach**?

Um welchen **Monat** handelt es sich?

27.03.2020

Wie viele **Wochen** hat ein **Jahr**?

Januar, März, Mai, Juli, August, Oktober, Dezember	Zum Sommer gehören **Juni**, **Juli** und **August**.	Er heißt **November**.
Februar	12.10.(20)22	**März**, (April), **Mai**
Weihnachten wird im **Dezember** gefeiert.	Die Zahl 07 steht für den **Juli**.	Februar
Zum Winter gehören **Dezember**, **Januar** und **Februar**.	Die Zahl 09 steht für den **September**.	Ein Jahr hat **12 Monate**.
Dieses Fest heißt **Silvester**.	Der muslimische Fastenmonat heißt **Ramadan**.	Die Zahl 08 steht für den **August**.
Ein Jahr hat **365 Tage**. Im Schaltjahr sind es **366**.	Das dauert ungefähr **einen Tag**.	Das dauert ungefähr **ein Jahr**.
Ein Jahr hat **52 Wochen**.	Die Zahl 03 steht für den **März**.	**November**, (Dezember), **Januar**

Nenne eine Sorte
Steinobst.

Nenne eine Sorte
Kernobst.

Nenne 2
Südfrüchte.

Wo wird **heimisches Obst** geerntet und wo eine **Südfrucht**?

Nenne **2 Obstsorten**, die im Sommer hier bei uns reifen.

Welches **Gemüse** kann man auch im Winter hier bei uns ernten?

Zu welcher **Art von Gemüse** gehört die **Karotte**?

Welchen Teil der Pflanze essen wir bei **Radieschen**?

Welchen Teil der Pflanze essen wir beim **Brokkoli**?

Zu welcher **Art von Gemüse** gehören **Tomate** und **Paprika**?

Nenne **2 Sorten Blattgemüse**.

Du steckst eine **Bohne in die Erde**. Was geschieht **als Erstes** mit ihr?

Wie heißt dieses Obst?

Wie heißt dieses Obst?

Wie heißt dieses Obst?

Wie heißt dieses Gemüse?

Wie heißt dieses Gemüse?

Wie heißt dieses Gemüse?

Wie heißt dieses Gemüse?

Wie heißt dieses Gemüse?

Wie heißt dieses Obst?

Beispiele:
Orange, Mandarine,
Banane, Ananas,
Mango

Beispiele:
Apfel, Birne

Beispiele:
Zwetschge, Pflaume,
Pfirsich, Aprikose,
Kirsche

Beispiele:
Rosenkohl,
Feldsalat

Beispiele:
Johannisbeere, Himbeere,
Brombeere, Kirsche,
Aprikose

Heimisches Obst wächst
hier **bei uns. Südfrüchte**
wachsen in **wärmeren
Ländern**.

Beim **Brokkoli**
essen wir die **Blüte**.

Vom **Radieschen**
essen wir die **Wurzel**.

Die **Karotte** ist ein
Wurzelgemüse.

Die Keimwurzel
bricht durch
die Schale
des Samens.

Beispiele:
Kopfsalat, Rotkohl,
Spinat

Tomate und Paprika
sind Fruchtgemüse.

Das ist
eine Aprikose.

Das sind
Brombeeren.

Das ist eine
Wassermelone.

Das sind
Erbsen.

Das sind
Rettiche.

Das ist
ein Kohlrabi.

Das sind
Zwetschgen.

Das sind
Zwiebeln.

Das ist
ein Kürbis.

Bastle Grundrisse für zwei Klassenzimmer

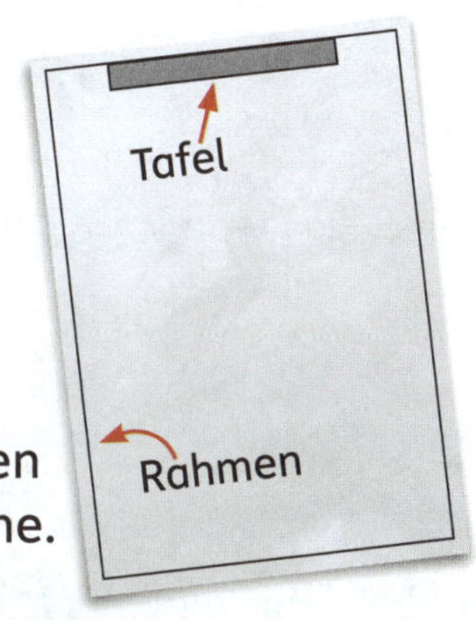

Du brauchst: Schere, Kleber, Lineal, Bleistift, 2-mal A4-Papier

Trenne die 4 mittleren Seiten aus dem Heft. Schneide auf dieser Seite alle Teile aus. Zeichne auf beide A4-Papiere einen Rahmen mit 1 cm Abstand zum Rand. Der innere Bereich ist die Grundfläche für die Klassenzimmer. Lege nun die Teile so auf die zwei Papiere, dass es zu den Bildern passt. Beachte: Die Tafel ist immer an der kurzen Seite der Fläche. Wenn alles stimmt, klebe die Teile auf oder umfahre sie mit einem Stift.

Schülertisch | Schülertisch
Schülertisch | Schülertisch
Schülertisch | Schülertisch
Schülertisch | Schülertisch
Schülertisch | Schülertisch
Schülertisch | Schülertisch
Schülertisch | Schülertisch
Schülertisch | Schülertisch
Schülertisch | Schülertisch
Schülertisch | Schülertisch

Pult
Wasch-becken
Pult
Wasch-becken

Schrank
Schrank
Tafel
Tafel

Regal
Regal
Regal
Regal
Regal
Sofa

Die Stühle an den Tischen kannst du mit kleinen Bögen einzeichnen, ungefähr so:

Schülertisch

Achte darauf, dass sie richtig herum an den Tischen stehen!

Klassenzimmer 1 (Lösungen gibt's auf der Rückseite.)

Klassenzimmer 2

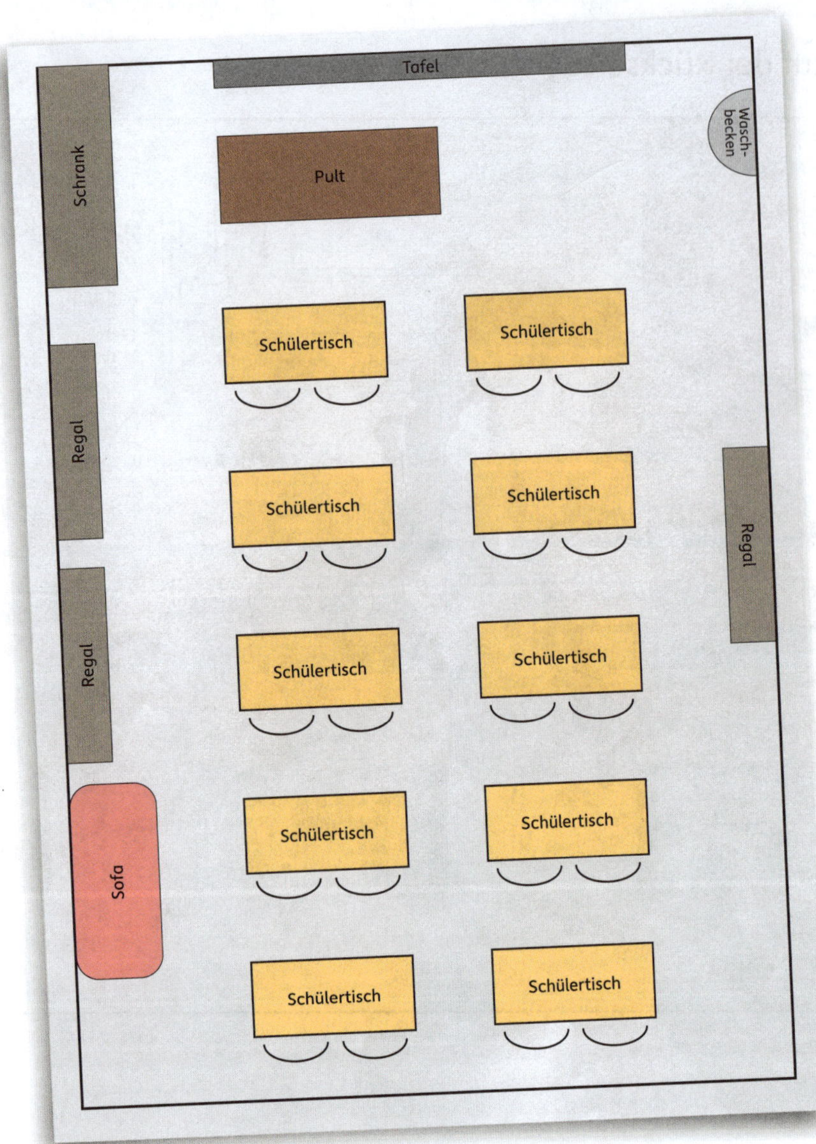

Lösung:

Klassenzimmer 1

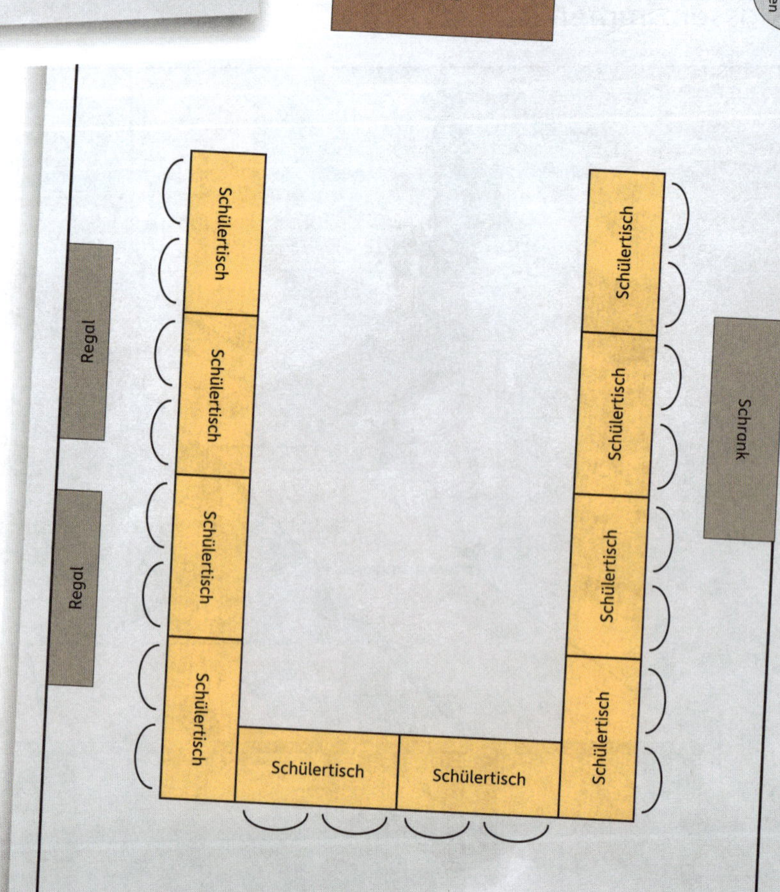

Lösung:

Klassenzimmer 2

Erkläre den Begriff **Wildtiere.**

Erkläre den Begriff **Nutztiere.**

Nenne **2 Wildtiere.**

Was **nutzt** der Mensch **von Hühnern**?

Über welche **3 Dinge** sollte man sich Gedanken machen, bevor man sich ein **Haustier anschafft**?

Von welchem **Wildtier** stammt die **Hauskatze** ab?

Wie heißt die **männliche Katze**?

Sind **Katzen tagaktiv** oder **nachtaktiv**?

Wie sieht die Pupille der Katze **am Tag** aus?

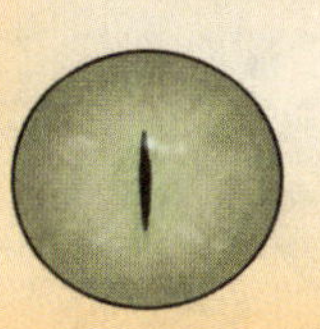

Nenne **2 Dinge,** die **Katzen** besonders gut **können.**

Wie **pflegt** eine **Katze** ihr **Fell**?

Nenne **3 Dinge,** die die **Katze** in der **Wohnung** braucht.

Was tut die **Katze,** wenn sie sich **wohlfühlt**?

Von welchem **Tier stammt** der **Hund ab**?

Wie heißen die **Gruppen,** in denen **Wölfe zusammenleben**?

Wie nennt man den **Schwanz** des **Hundes**?

Nenne **3 Dinge,** die ein **Hundebesitzer kaufen** muss.

Welche **Dinge,** die man **nicht kaufen** kann, **braucht ein Hund**?

Welche **Aufgabe** hat ein **Blindenhund**?

Welchen **Sinn** nutzt ein **Spürhund** besonders?

Welche **Aufgabe** hat ein **Hütehund**?

Beispiele:
Igel, Amsel,
Eichhörnchen,
Haselmaus

Sie leben **bei Menschen** und werden von ihnen **versorgt**. Sie **liefern** dem Menschen zum Beispiel **Nahrung**.

Wildtiere leben in der Natur **ohne den Menschen**.

Die **Hauskatze** stammt von der **Wildkatze** ab.

Nachdenken sollte man über die **Kosten**, die nötige **Zeit** und die **Wohnsituation**.

Von **Hühnern** nutzt der Mensch **Eier** und **Fleisch**.

Am Tag ist die **Pupille** der Katze **schmal**.

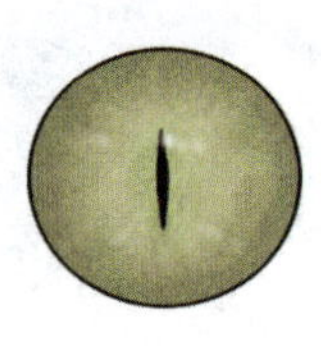

Katzen sind **nachtaktiv**.

Die männliche Katze heißt **Kater**.

Beispiele:
Katzentoilette,
Kratzbaum, Napf,
Futter, Spielzeug,
Katzenkorb

Katzen pflegen ihr Fell mit ihrer **rauen Zunge**.

Katzen können besonders gut **springen**, **klettern** und **balancieren** oder **Mäuse fangen**.

Wölfe leben in einem **Rudel** zusammen.

Der Hund stammt vom **Wolf** ab.

Die Katze **schnurrt**, wenn sie sich wohlfühlt.

Ein Hund braucht viel **Zeit** und **Aufmerksamkeit**, **Auslauf** und **Bewegung**.

Beispiele:
Futter, Napf,
Trinkschüssel,
Schlafplatz, Leine

Den **Schwanz** eines Hundes nennt man auch **Rute**.

Ein Hütehund **bewacht** die Schafherde und **hält die Tiere zusammen**.

Ein Spürhund nutzt besonders seinen **Geruchssinn**.

Blindenhunde **führen blinde Menschen**, wenn sie sich außerhalb ihrer Wohnung bewegen.

Welche **verschiedenen Behälter** für Müll kennst du?

Wie heißt der **Vorgang**, bei dem aus Müll, der richtig entsorgt wird, **etwas Neues entsteht**?

In welchen Müll gehört eine leere **Shampoo-Flasche**?

In welchen Müll gehören **benutzte Windeln**?

In welchen Müll gehören **Eierschalen**?

Nenne **2 Dinge**, die in den **Papiermüll** gehören.

Wie kannst du **beim Einkaufen Müll vermeiden**?

Warum kannst du **Müll vermeiden**, wenn du mit deinen Sachen **sorgfältig umgehst**?

Warum ist es für die Umwelt **besser**, **aus Gläsern** zu trinken **als aus Pappbechern**?

Nenne **3 Lebensmittel**, von denen du **täglich viel** essen sollst.

Nenne **2 Lebensmittel**, von denen du nur **selten** essen sollst.

Nenne **2 gesunde Getränke**, die keinen Zucker enthalten.

Welche **Nährstoffe** kennst du?

Wozu braucht dein Körper die **Nährstoffe** aus Lebensmitteln?

Warum solltest du **Gummibärchen** nur **selten** essen?

Wie heißt das **Dreieck**, in dem du siehst, welche Lebensmittel du oft und welche du selten essen solltest?

Wo kannst du **nachschauen**, wenn du wissen möchtest, wie viel Zucker ein Lebensmittel enthält?

Wie kannst du dich außer mit einer gesunden Ernährung noch **fit und gesund** halten?

Nenne **2 Lebensmittel**, in denen sich **viel Zucker** versteckt.

Nenne **ein Lebensmittel**, das **viele Vitamine** enthält.

Nenne **ein Lebensmittel**, das besonders viele **Kohlenhydrate** enthält und lange satt macht.

Eine leere **Shampoo-Flasche** entsorgst du in der **Gelben Tonne** oder im **Gelben Sack**.

Dieser Vorgang heißt **Recycling**.

Glascontainer, Papiertonne, Gelbe Tonne/ Gelber Sack, Restmülltonne, Biotonne

Beispiele: Zeitungen, Zeitschriften, vollgeschriebene Hefte, Bücher, benutztes Malpapier

Eierschalen gehören in den **Biomüll**.

Benutzte **Windeln** gehören in den **Restmüll**.

Gläser kann man ausspülen und immer **wieder verwenden**. **Pappbecher** müssen **weggeworfen** werden.

Ich **vermeide** so, dass Dinge **kaputtgehen** und man sie wegwerfen muss.

Ich kaufe **Dinge**, die möglichst **nicht oder** nur **wenig verpackt** sind.

Wasser, ungesüßter Kräutertee oder Früchtetee

Beispiele: Öl, Butter, Schokolade, Kuchen, Eis, Gummibärchen, Chips

Beispiele: alle Sorten Obst und Gemüse, Getreide, Reis

Gummibärchen enthalten **viel Zucker**, deshalb esse ich sie nur selten.

Die **Nährstoffe** liefern **Energie** zum Spielen und Toben, zum Lernen und zum Wachsen. Sie **helfen** dir, **gesund zu bleiben**.

Beispiele: Kohlenhydrate, Eiweiß, Vitamine, Mineralstoffe

Ich **bewege** mich viel, gehe viel an die **frische Luft** und achte auf **genügend Schlaf**.

Auf der Verpackung finde ich eine **Tabelle**, in der die Zuckermenge steht.

Das Dreieck heißt **Ernährungspyramide**.

Beispiele: Vollkornnudeln, Vollkornbrot, Reis, Kartoffeln

Alle **Sorten Obst** und **Gemüse** sind als Antwort möglich.

Beispiele: alle Süßigkeiten, Schokocreme, Limonaden, Säfte

Wie heißt die **Fläche** eine Gegenstandes, die beim Abstellen den Boden berührt?

Was entsteht, wenn du einen **Gegenstand hinstellst und** mit einem Stift **umfährst**?

Aus welcher Richtung schaust du bei einem Grundriss auf den Gegenstand oder das Gebäude?

Nenne ein Beispiel, **wo** ein Grundriss benötigt wird.

Was entsteht, wenn du einen Raum mit Klötzen oder Schachteln verkleinert **nachbaust**?

Ist das **Modell** eines Raumes **größer** oder **kleiner** als der wirkliche Raum?

Wie viele **Minuten** hat **eine Stunde**?

Ist **09.00 Uhr** am **Morgen** oder am **Abend**?

Wie viele **Stunden** hat **ein Tag**?

Nenne **3 verschiedene Uhren**.

Wie **heißt** diese Uhr?

In welcher **Tageszeit** liegt diese Uhrzeit:

03.00 Uhr?

Wie heißt der **kürzere** der beiden **Uhrzeiger**?

Wie heißt der **Teil der Uhr**, auf dem die **Zahlen stehen**?

In welcher **Tageszeit** liegt diese Uhrzeit:

08.00 Uhr?

Wann **beginnt** ein neuer **Tag**?

Wie heißen die **Uhren**, die **keine Zeiger** haben?

Wie **heißt** diese Uhr?

Wie viele **Minuten** hat eine **Viertelstunde**?

Findet ein **Abendessen** um **06.00 Uhr** oder um **18.00 Uhr** statt?

Wie kann man **30 Minuten** noch nennen?

Bei einem Grundriss schaue ich **von oben** auf den Gegenstand oder das Gebäude.	Es entsteht ein **Grundriss**.	Diese Fläche heißt **Grundfläche**.
Das Modell ist **kleiner** als der wirkliche Raum.	So entsteht ein **Modell**.	Pläne von Räumen und Gebäuden werden **als Grundriss** dargestellt.
Ein Tag hat **24 Stunden**.	**09.00 Uhr** ist am **Morgen**.	Eine **Stunde** hat 60 Minuten.
03.00 Uhr liegt in der **Nacht**.	Das ist eine **Sonnenuhr**.	**Beispiele**: Armbanduhr, Kuckucksuhr, Wecker, Wanduhr, Backofenuhr
08.00 Uhr ist am **Morgen**.	Dieser Teil heißt **Zifferblatt**.	Der **kürzere** Zeiger ist der **Stundenzeiger**.
Das ist eine **Sanduhr**.	Uhren, die die Zeit ohne Zeiger anzeigen, heißen **Digitaluhren**.	Der neue Tag beginnt immer um **Mitternacht** (0 Uhr).
30 Minuten sind eine **halbe Stunde**.	Ein Abendessen findet um **18.00 Uhr** statt.	Eine Viertelstunde hat **15 Minuten**.

Lösungen

3

Ich möchte gerne ein Meerschweinchen, damit ich jemanden zum Kuscheln habe, wenn ich gerade Lust dazu habe.

Wir hätten gerne einen Hund. Tagsüber müsste er allein in der Wohnung sein, bis wir abends nach Hause kommen.

Ich hätte gerne Kaninchen. In Büchern haben wir schon viel über Kaninchen als Haustiere gelesen.

1P pro angemalte oder nicht-angemalte Sprechblase

4a Für die Katze müssen sie eine **Katzentoilette** mit Katzenstreu, **Futter** und einen **Napf**, einen **Kratzbaum**, einen **Katzenkorb** und **Spielzeug** anschaffen. (mögliche Antworten, jeweils 1P)

4b Eine Katze braucht neben den Dingen, die man kaufen kann, auch die **Zuwendung**, **Zeit**, **Liebe** und **Aufmerksamkeit** der Menschen. Das gilt für alle Haustiere. (mögliche Antworten, jeweils 1P)

5

6 Katzen können sich gut anschleichen, weil sie an den Pfoten **weiche Hautballen** haben 1P. Die Krallen sind beim Anschleichen eingezogen.

Wenn du etwas begründen oder erklären sollst, kannst du das Wort "weil" in deinem Satz verwenden. Achte aber darauf, dass es nicht ganz am Anfang steht.

7

Helligkeit Dunkelheit

8

	richtig	falsch
Katzen sind Einzelgänger.	☒	○
Katzen brauchen täglich Schlagsahne.	○	☒
Die Katze schnurrt, wenn sie sich wohlfühlt.	☒	○
Katzen haben ihren eigenen Willen. Ich spiele nur mit ihr, wenn sie das möchte.	☒	○
Große Katzen heißen Kater.	○	☒

Punkte	**26-24**	**23-20**	**19-16**	**15-13**	**12-8**	**7-0**
Note	**1**	**2**	**3**	**4**	**5**	**6**

Test 2: Haustiere (Seite 28)

1

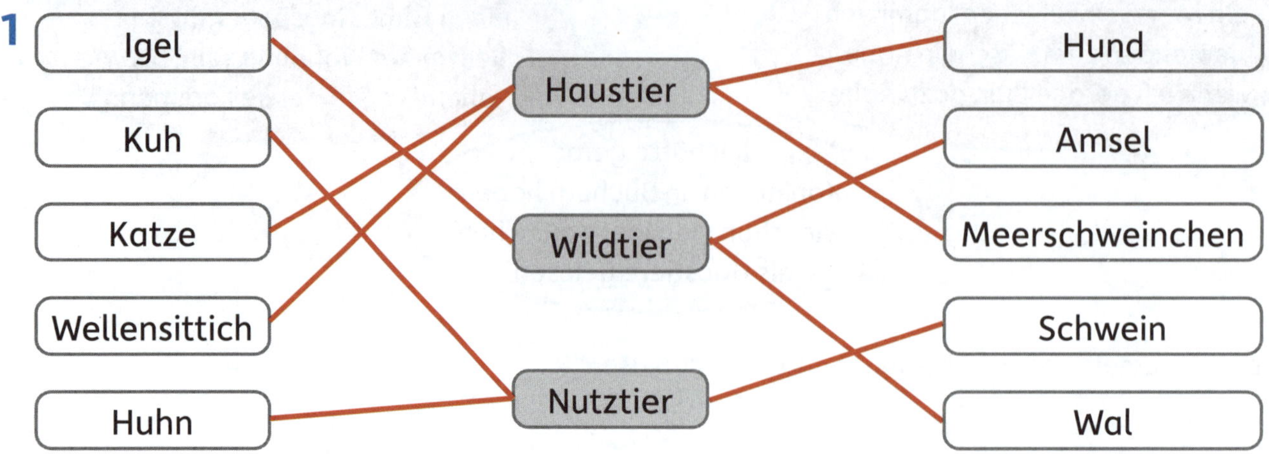

Achtung: Der Hund kann bei Haustieren oder bei Nutztieren stehen. Als Wachhund oder Jagdhund ist er zum Beispiel ein Nutztier. Das Gleiche gilt für die Katze. Wenn sie auf dem Bauernhof lebt, um Mäuse zu fangen, kannst du sie auch zu den Nutztieren zählen. 1/2 P pro Verbindungslinie

2 Schaf: **Wolle, Milch, Fleisch** Biene: **Honig, Wachs**

3a **Beispiele:** Sie müssen mit dem Hund **Gassi gehen**, denn ein Hund braucht täglich viel **Bewegung** und Auslauf.
Sie müssen mit dem Hund **spielen**, toben und ihm Aufmerksamkeit geben, denn ein Hund braucht viel Bewegung und kann **nicht allzu lange alleine** sein.
Auch das **Füttern** oder der **Besuch beim Tierarzt** kosten Zeit. Aber nur so bleibt der Hund **gesund**.

3b Geld braucht die Familie für die Anschaffung von **Futter**, **Napf** und **Leine**. Außerdem kostet der **Besuch beim Tierarzt** Geld. 1P pro genannter Sache

4 Von welchem Tier stammt der Hund ab? **Wolf**
Wie heißen die Gruppen, in denen diese Tiere leben? **Rudel**
Der Schwanz des Hundes hat einen besonderen Namen, nämlich **Rute**.

5a

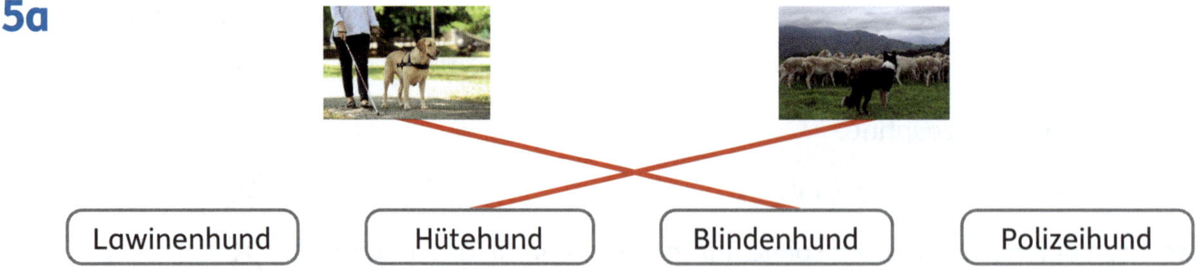

5b Hunde haben eine sehr **feine Nase** 1P. Damit **erschnüffeln** Polizeihunde **Drogen**, **Waffen** oder **Sprengstoff** 1P.

6 Das heißt: **Halte Abstand**! oder **Vorsicht!** oder **Komm nicht näher!**

Punkte	22-20	19,5-18	17,5-15	14,5-11	10,5-6,5	6-0
Note	1	2	3	4	5	6

Test: Grundrisse (Seite 32)

1

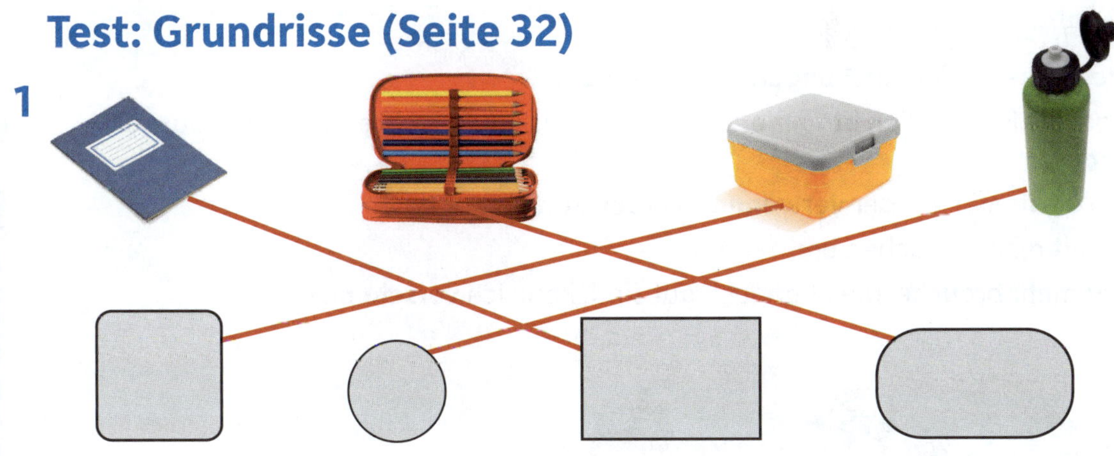

2 **Um diese Aufgabe zu lösen, stellst du deinen Spitzer in den Kasten und umfährst ihn mit deinem Bleistift.**

3 Die Fläche, mit der ein Ding den Boden berührt, heißt **Grundfläche**. Wenn ich den Gegenstand dann mit einem Stift umfahre, erhalte ich seinen **Grundriss**. Ich kann einen Raum mit Klötzen oder anderen Dingen nachbauen. So entsteht ein **Modell**. Für einen Grundriss schaue ich von **oben** auf den Raum oder das Gebäude.

4a

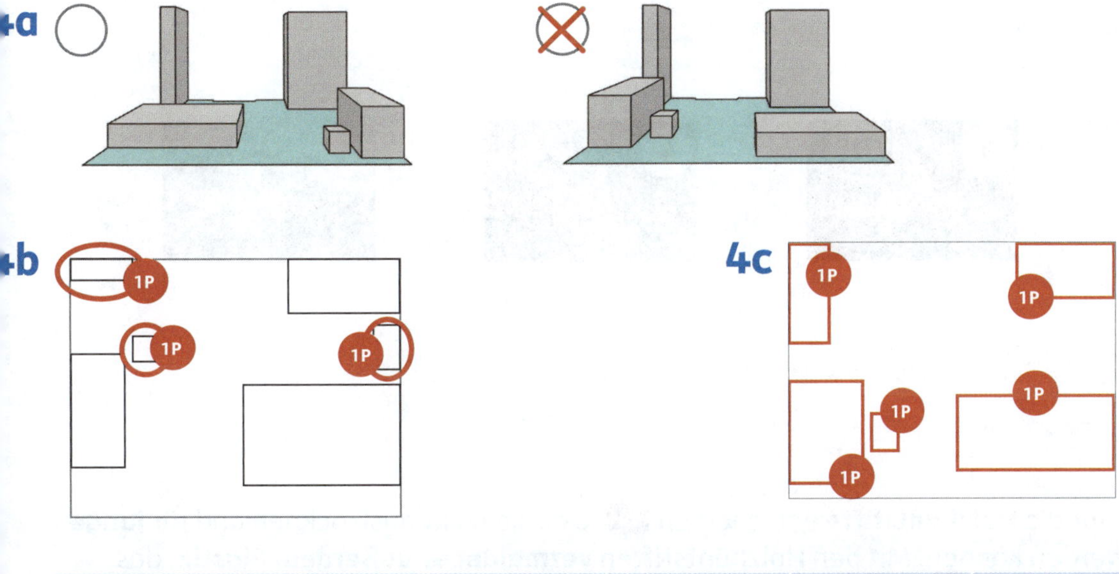

Punkte	18-17	16-14	13-12	11-9	8-5	4-0
Note	1	2	3	4	5	6

Test: Wir vermeiden und entsorgen Müll (Seite 36)

1

1/2 P pro eingekreistes oder nicht-eingekreistes Bild

2 Mögliche Antworten, für jeden Tipp 1P:

Beim Einkaufen versuche ich, **Verpackungen zu vermeiden.**

Ich kaufe nur Dinge, die ich **wirklich brauche**. Wenn ich etwas kaufe, achte ich darauf, dass es **lange verwendbar** ist.

Ich benutze Dinge, die **immer wieder verwendet** werden können.

Ich gehe **sorgsam** mit meinen Sachen um.

Dinge, die ich nicht mehr brauche, die aber noch gut sind, kann ich **verschenken**.

3

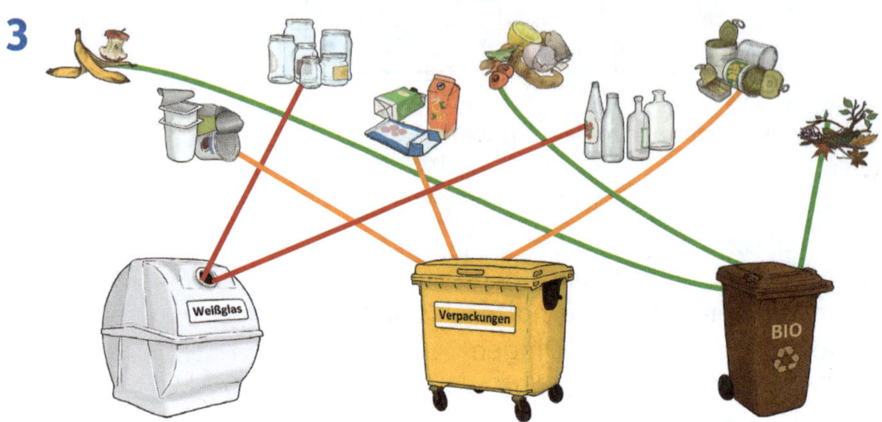

1/2 P pro Verbindungslinie

4 In den Restmüll gehören zum Beispiel **alte Zahnbürsten**, **benutzte Taschentücher**, **Windeln** oder **Staubsaugerbeutel.**

5

6
- ◯ Reform
- ☒ Recycling
- ◯ Erneuerung

7 Adrian sollte sich für die **Holzbuntstifte** entscheiden 1P, weil sie nicht austrocknen und für **lange Zeit verwendet** werden können. Mit den Holzbuntstiften **vermeidet er außerdem Plastik**, das nicht gut für die Umwelt ist. 1P

Punkte	**15-14**	**13,5-12**	**11,5-10**	**9,5-7,5**	**7-4,5**	**4-0**
Note	**1**	**2**	**3**	**4**	**5**	**6**

Test 1: Ernährung (Seite 41)

1a

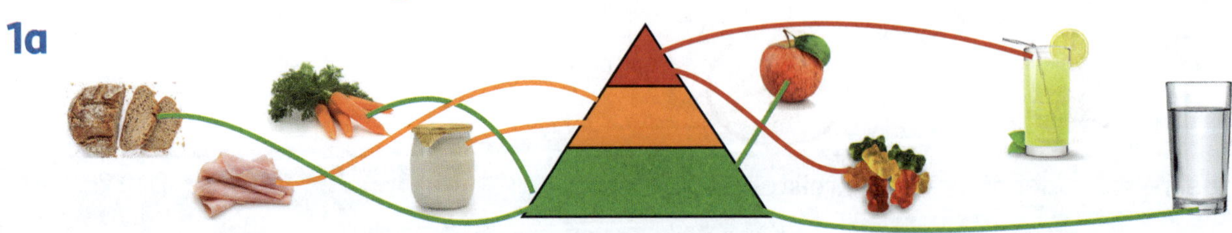

1/2 P pro Verbindungslinie

1b Mögliche Vorschläge (jeweils 1P): alle Sorten **Obst** und **Gemüse**, **Reis**, **Nudeln**, **ungesüßter Tee**

1c alle Süßigkeiten, Ketchup, Pommes (jeweils 1P)

2 Kohlenhydrate **Brot, Kartoffeln, Nudeln, Reis**

Vitamine **alle Sorten Obst und Gemüse**

3 Ich stimme ihr **nicht** zu 1P. In Limonade und Saft steckt **viel Zucker**, den man nur ausnahmsweise zu sich nehmen sollte 1P. Sie sollte **besser Wasser** oder ungesüßten **Tee** trinken 1P.

4 Finn könnte statt der Gummibärchen eine Karotte oder einen Apfel essen. Statt vor dem Fernseher zu sitzen, könnte er an der frischen Luft spielen oder einen Spaziergang machen. (1P für einen sinnvollen Vorschlag)

Punkte	**18-15,5**	**15-14,5**	**14-12**	**11,5-9**	**8,5-5**	**4,5-0**
Note	**1**	**2**	**3**	**4**	**5**	**6**

Test 2: Ernährung (Seite 42)

1a

1b Mögliche Vorschläge (je richtigem Vorschlag 1P)

Haferflocken, Naturjoghurt, Apfel, Trauben, Birne,
Vollkornbrot, Frischkäse, Banane, Früchtetee, Kräutertee, Milch ...

2

1/2 P pro Bild

3a

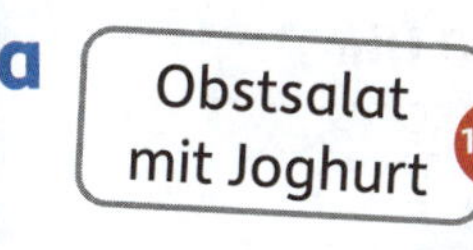

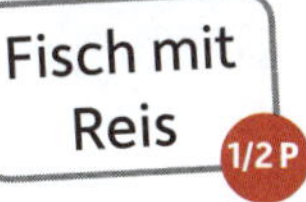

Gemüse-suppe 1/2 P

3b Oma sollte sich **viel bewegen**, am besten an der **frischen Luft** 1P. Sie sollte darauf achten, dass sie **regelmäßig und ausreichend schläft** 1P.

4a

Durchschnittliche Nährwerte	100 ml	1 Glas (250 ml)
Brennwert	171 kJ / 40 kcal	428 kJ / 100 kcal
Fett	0,1 g	0,3 g
davon gesättigte Fettsäuren	0,02 g	0,05 g
Kohlenhydrate	8 g	20 g
davon Zucker	8 g	20 g
Ballaststoffe	0,2 g	0,5 g
Eiweiß	0,6 g	1,5 g

4b Ich finde die Tabelle klein gedruckt auf **der Rückseite der Verpackung.** Oder: ... **dem Etikett.**

4c Mögliche Antworten (jeweils 1P):

Ketchup, Saft, fertiger Fruchtjoghurt, Pudding

5

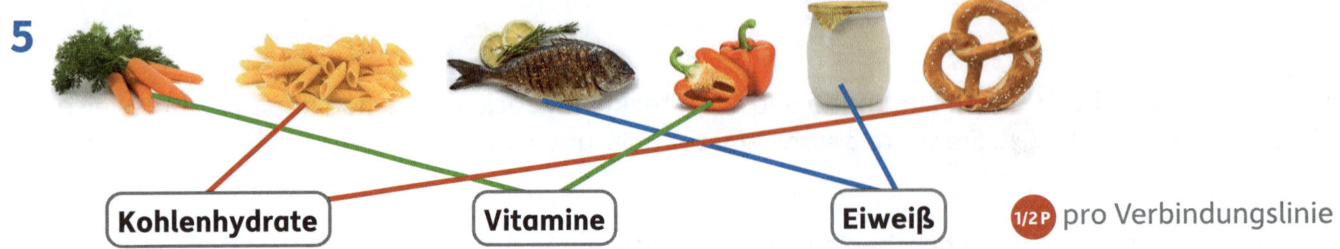

1/2 P pro Verbindungslinie

6 Bei der Verarbeitung der Kartoffeln zu Chips wird **sehr viel Fett und Salz zugefügt**. Von beidem sollte man nur wenig zu sich nehmen.

Punkte	22-20	19,5-18	17,5-15	14,5-11	10,5-6,5	6-0
Note	1	2	3	4	5	6

Test 1: Die Uhr (Seite 46)

1 Der längere Zeiger der Uhr zeigt die **Minuten**. Der kürzere Zeiger zeigt die **Stunden**. Ein Tag hat **24** Stunden.

2

3

4 Diese Uhr tragen viele Menschen an ihrem Handgelenk. **Armbanduhr**

Diese Uhr funktioniert bei Regenwetter nicht. **Sonnenuhr**

Diese Uhr erinnert dich daran, dass du aufstehen musst. **Wecker**

Punkte	18-17	16-14	13-12	11-9	8-5	4-0
Note	1	2	3	4	5	6

Test 2: Die Uhr (Seite 47)

1a

Sonnenuhr

Sanduhr

Kerzenuhr

1b Mögliche Antworten: Armbanduhr, Wanduhr, Backofenuhr, Wecker

2

3.30 Uhr

14.45 Uhr

8.15 Uhr

13.30 Uhr

drei viertel drei

halb vier

halb zwei

viertel nach acht

3

7.35 Uhr

11.20 Uhr

halb acht

0.00 Uhr

Punkte	14-13	12-11	10-9	8-7	6-3	2-0
Note	1	2	3	4	5	6

Test 3: Die Uhr (Seite 48)

1

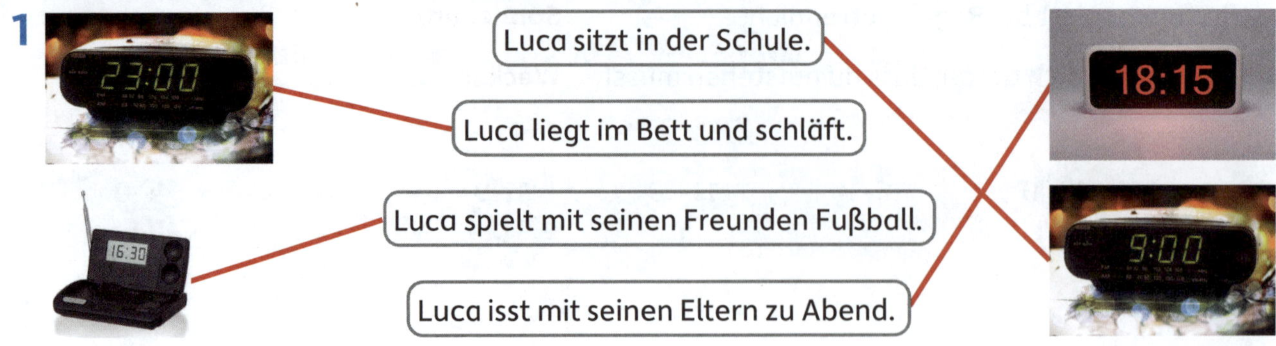

2 Menschen brauchen Uhren, um die **Zeit genau zu bestimmen**. Das ist wichtig, wenn man sich **verabreden** will.

3

4 An einem Tag umrundet der Stundenzeiger das Zifferblatt **2**-mal.

In einer Stunde umrundet der Minutenzeiger das Zifferblatt **1**-mal.

Eine Stunde hat **60** Minuten. Eine halbe Stunde hat **30** Minuten.

Eine Viertelstunde hat **15** Minuten.

Punkte	18-17	16-14	13-12	11-9	8-5	4-0
Note	1	2	3	4	5	6

Hunde helfen dem Menschen – Hund als Nutztier

Weil Hunde sich gerne dem Menschen anschließen und hervorragend riechen und hören können, helfen sie dem Menschen in vielen Bereichen:

Lawinensuchhunde finden Menschen, die verschüttet sind oder sich verlaufen haben.

Polizeihunde oder **Spürhunde** erschnüffeln Drogen, Waffen oder Sprengstoff.

Blindenhunde führen blinde Menschen, wenn sie sich außerhalb ihrer Wohnung bewegen.

Hütehunde bewachen eine Schafherde und halten die Tiere zusammen.

Jagdhunde helfen dem Jäger, Spuren von Tieren zu finden.

Katzensprache – Hundesprache

Auch wenn Katzen und Hunde nicht sprechen können, kannst du sie verstehen, wenn du auf ihre Körpersprache und ihre Laute achtest.

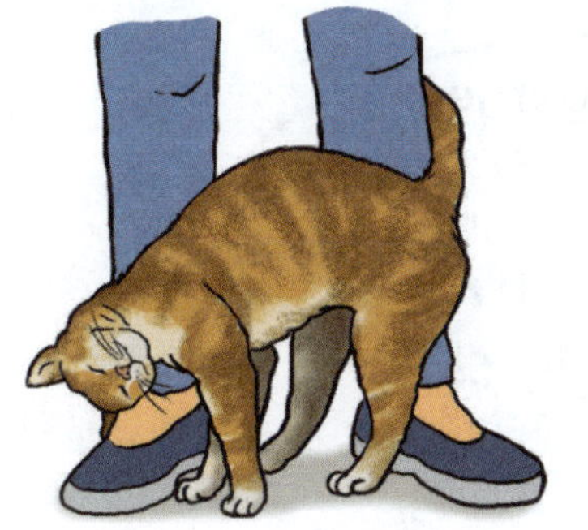

Spiel mit mir.

Streichle mich.

Ich möchte meine Ruhe.

Halte Abstand!

Test 1: Haustiere

1 Schreibe je 2 Beispiele auf.

Nutztier	Haustier	Wildtier

/6

2 Kennst du den Unterschied zwischen Haustieren und Nutztieren? Erkläre ihn in einem oder zwei Sätzen.

/2

3 Welche Familien sollten sich noch besser über ihr Wunsch-Haustier informieren? Male diese Sprechblasen rot an.

Ich möchte gerne ein Meerschweinchen, damit ich jemanden zum Kuscheln habe, wenn ich gerade Lust dazu habe.

Wir hätten gerne einen Hund. Tagsüber müsste er allein in der Wohnung sein, bis wir abends nach Hause kommen.

Ich hätte gerne Kaninchen. In Büchern haben wir schon viel über Kaninchen als Haustiere gelesen.

/3

4a Irina und ihre Eltern wollen eine Katze. Nenne 3 Dinge, die sie für die Katze anschaffen müssen.

/3

4b Nenne noch etwas, das die Katze von der Familie braucht, das man nicht kaufen kann.

/1

5 **Kreise ein:**

- (blau) Körperteile, mit denen sie ihre Beute festhält.
- (rot) Körperteil, das ihr hilft, das Gleichgewicht zu halten.
- (grün) Körperteil, das ihr hilft, Abstände richtig einzuschätzen.

/3

6 **Warum kann sich die Katze besonders gut anschleichen? Erkläre dies in einem ganzen Satz.**

/1

7 **Katzen können im Dunkeln viel besser sehen als Menschen. Zeichne die Pupille richtig in die Katzenaugen.**

Helligkeit Dunkelheit

/2

8 **Lies genau. Kreuze an. Richtig oder falsch.**

	richtig	falsch
Katzen sind Einzelgänger.	○	○
Katzen brauchen täglich Schlagsahne.	○	○
Die Katze schnurrt, wenn sie sich wohlfühlt.	○	○
Katzen haben ihren eigenen Willen. Ich spiele nur mit ihr, wenn sie das möchte.	○	○
Große Katzen heißen Kater.	○	○

/5

Von 26 Punkten hast du _____ erreicht.

Test 2: Haustiere

1 Ordne richtig zu. Verbinde.

Igel		Hund
	Haustier	
Kuh		Amsel
Katze	Wildtier	Meerschweinchen
Wellensittich		Schwein
	Nutztier	
Huhn		Wal

/5

2 Was nutzt der Mensch von diesen Tieren? Schreibe jeweils eine Sache auf.

Schaf: ______ Biene: ______

/2

3a

Ich möchte so gerne einen Hund!

Leo

Wenn sich Leo und seine Familie einen Hund anschaffen, wofür müssten sie sich täglich Zeit nehmen? Nenne 2 Dinge und erkläre, warum sie für den Hund wichtig sind.

/4

3b Für welche Dinge müsste Leos Familie bei der Anschaffung und Haltung eines Hundes Geld einplanen? Zähle 3 Dinge auf.

/3

4 **Löse die Hunde-Rätsel.**

Von welchem Tier stammt der Hund ab? ______

Wie heißen die Gruppen, in denen diese Tiere leben? ______

Der Schwanz des Hundes hat einen besonderen Namen, nämlich ______. ☐ /3

5a **Hunde helfen Menschen. Verbinde jedes Bild mit dem richtigen Begriff.**

Lawinenhund | Hütehund | Blindenhund | Polizeihund ☐ /2

5b **Nenne eine Aufgabe, die ein Polizeihund hat. Welches Körperteil oder welche Körperteile helfen ihm dabei? Erkläre dies in einem ganzen Satz.**

______

______ ☐ /2

6 **Was könnte dir dieser Hund mitteilen? Schreibe es auf.**

Das heißt:

______

______ ☐ /1

Von 22 Punkten hast du ____ erreicht.

Grundriss

Grundfläche und Grundriss

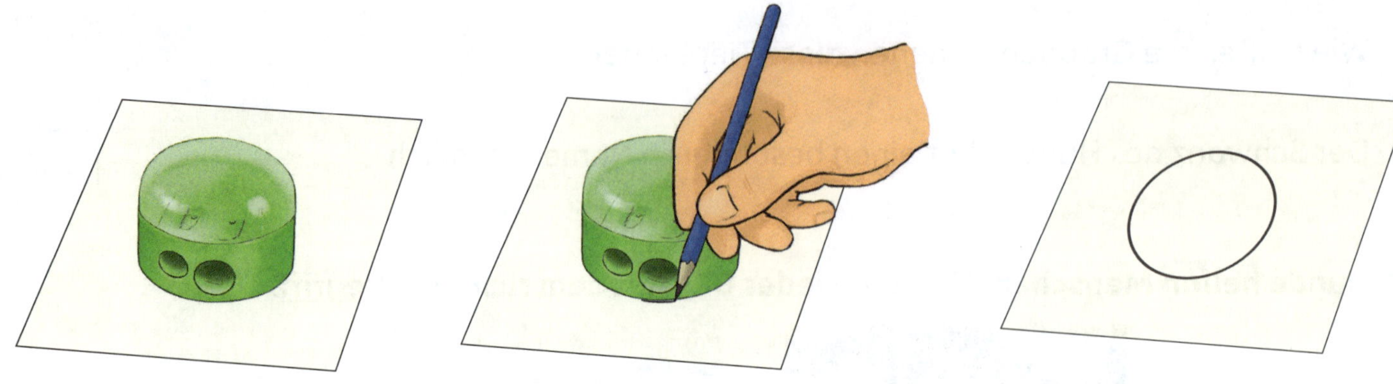

Die Fläche, mit der ein Gegenstand den Boden berührt, heißt **Grundfläche**. Wenn du den Gegenstand dann mit einem Stift umfährst, erhältst du den **Grundriss**. Oft sieht er ganz anders aus als der Gegenstand selbst:

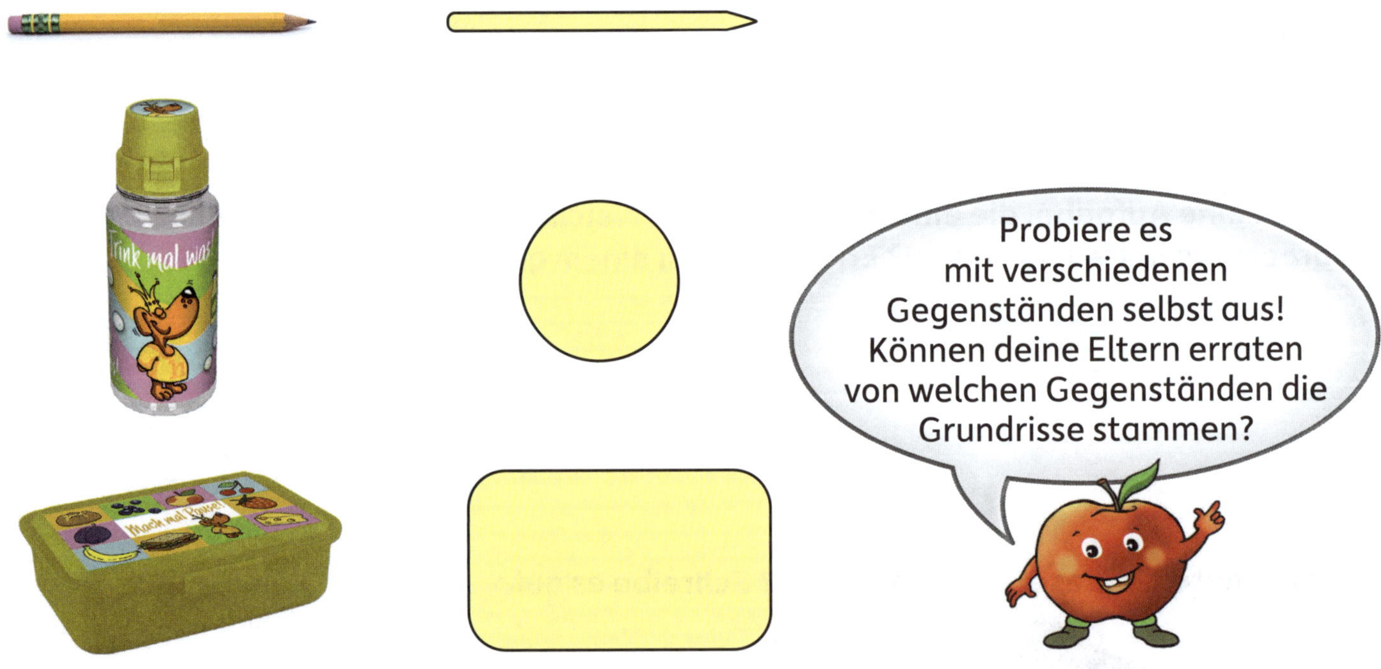

Merkmale eines Grundrisses

- **Pläne** von Räumen und Gebäuden werden als Grundrisse dargestellt.
- Ein Grundriss hilft dir, dich im Raum oder Gebäude zurechtzufinden.
- Für einen Grundriss ändert sich die Richtung, aus der du auf etwas schaust. Wie ein Vogel siehst du **von oben** auf den Gegenstand, den Raum oder das Gebäude.
- Der Grundriss eines Raumes zeigt keine Details, sondern nur die **Umrisse größerer, wichtiger Dinge**.

So entsteht ein Grundriss

Hier siehst du, wie der **Grundriss eines Klassenzimmers** entsteht:

1. So sieht das Klassenzimmer in **Wirklichkeit** aus, wenn du hinten im Raum stehst.

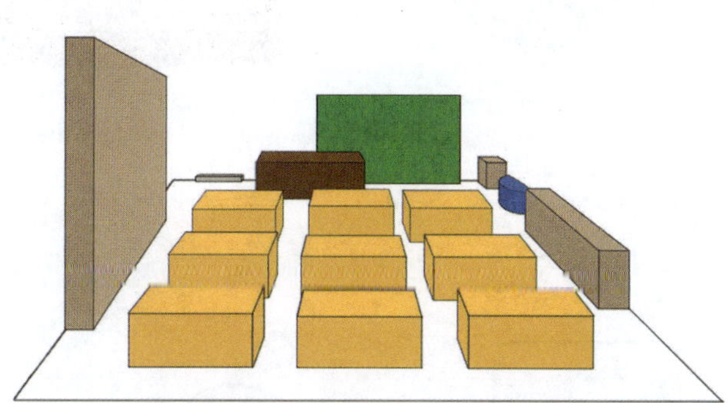

2. Das Klassenzimmer wurde als **Modell mit Klötzchen** nachgebaut.
   Das Modell ist kleiner als das wirkliche Klassenzimmer.
   Die Stühle wurden weggelassen.

3. Jetzt schaust du **von oben** auf das Modell des Klassenzimmers. Alle Klötzchen werden mit einem Stift **umfahren** und dann weggenommen.

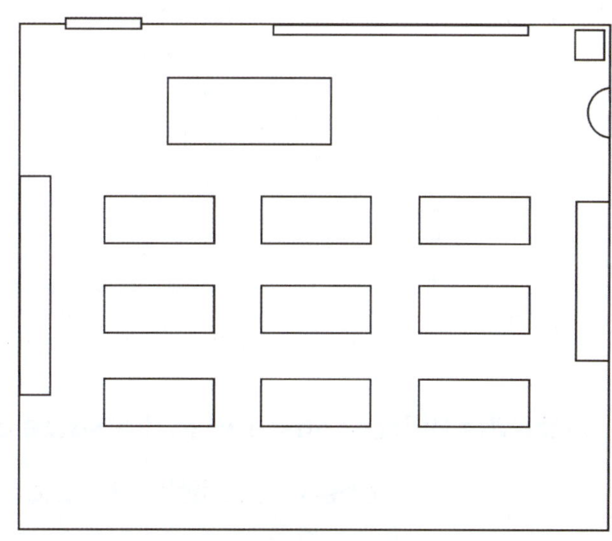

4. Was nun noch zu sehen ist, ist der **Grundriss** des Klassenzimmers.

In der Mitte des Heftes findest du Seiten, mit denen du einen Grundriss basteln kannst.

Test: Grundrisse

1 Welchen Grundriss haben die Gegenstände? Verbinde.

/4

2 Nimm deinen Spitzer. Zeichne seinen Grundriss in den Kasten.

/1

3 Setze die Wörter passend in die Sätze ein. Achtung: Ein Wort bleibt übrig!

oben seitlich Grundriss Grundfläche Modell

Die Fläche, mit der ein Ding den Boden berührt, heißt ________.

Wenn ich den Gegenstand dann mit einem Stift umfahre, erhalte ich seinen

________. Ich kann einen Raum mit Klötzen oder anderen Dingen

nachbauen. So entsteht ein ________. Für einen Grundriss schaue

ich von ________ auf den Raum oder das Gebäude.

/4

4a **Hier siehst du Annas Kinderzimmer.**

Welches der Modelle zeigt Annas Zimmer? Kreuze es an. ⊗

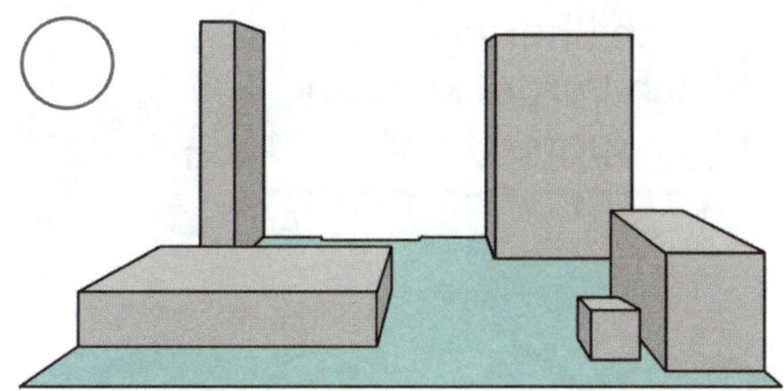

/1

4b **In diesen Grundriss von Annas Zimmer haben sich 3 Fehler eingeschlichen. Umkreise sie rot.**

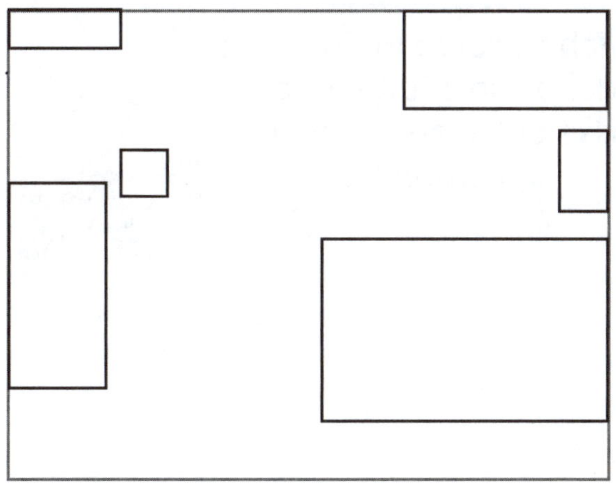

4c **Zeichne den Grundriss nun richtig in den freien Kasten.**

/3

/5

Von 18 Punkten hast du _____ erreicht.

Müll vermeiden und entsorgen

Müll vermeiden

Menschen machen jeden Tag viel Müll. Müll muss entsorgt werden. Er **schadet meist der Umwelt**.

Beim Einkaufen sind viele Dinge verpackt. Die Verpackungen werden nach dem Auspacken weggeworfen.

Manchmal kaufen wir Dinge, die wir gar nicht brauchen. Sie landen dann im Müll.

Du kannst **helfen, dass weniger Müll entsteht**. Überlege mit deiner Familie genau, was ihr kauft und wie es verpackt ist.

So kannst du Müll vermeiden:

Ich überlege, wo ich Verpackungen sparen kann.

Ich benutze Dinge, die man über längere Zeit immer wieder verwenden kann.

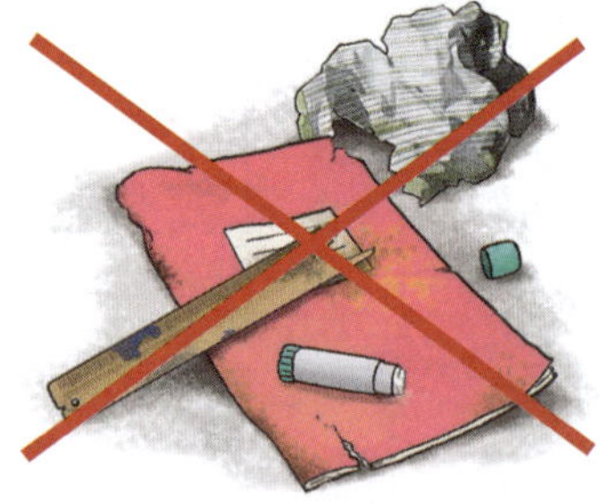

Ich benutze meine Sachen sorgfältig und passe auf, dass sie nicht kaputtgehen.

Überlege 3 weitere Tipps, wie du Müll vermeiden kannst, und schreibe sie auf.

Müll richtig entsorgen

Müll, der sich nicht vermeiden lässt, muss **richtig entsorgt** werden. Für jede Art Müll gibt es einen Behälter. Das kann eine Tonne, ein Container oder ein Sack sein.

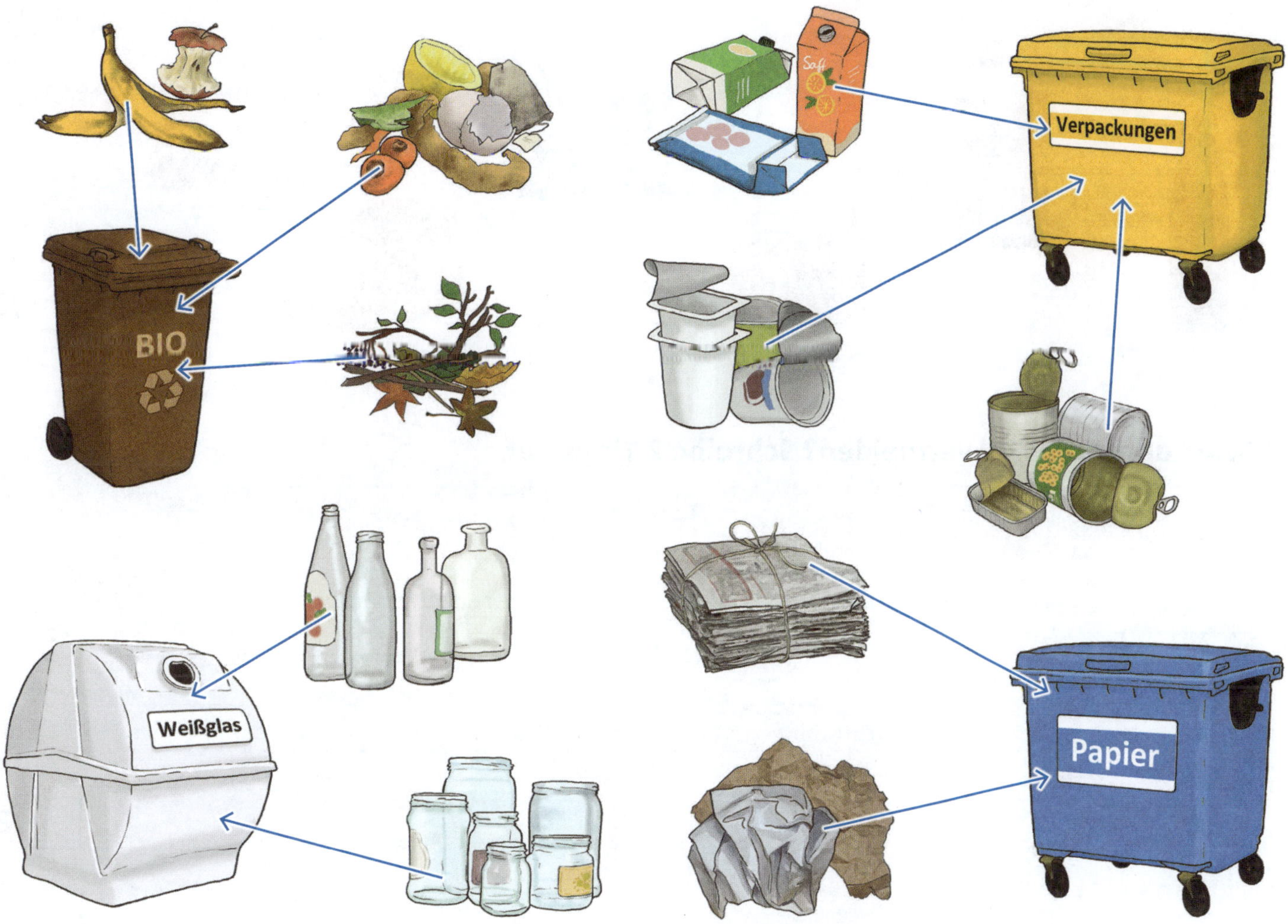

Der Müll, der nun noch übrig bleibt, gehört in den **Restmüll**, zum Beispiel Windeln oder alte Zahnbürsten, Staubsaugerbeutel, benutzte Taschentücher.

Wenn Müll richtig entsorgt wird, kann aus Altem etwas Neues entstehen. Diesen Vorgang nennt man **Recycling**.

Aus Altglas (1) kann zum Beispiel neues Glas hergestellt werden.
Dazu wird es zerkleinert (2),
bei großer Hitze eingeschmolzen (3)
und dann neu geformt (4).

Test: Wir vermeiden und entsorgen Müll

1 **Vergleiche die Bilder. Wo wird Müll vermieden? Kreise die richtigen Bilder ein.**

/3

2 **Wie kannst du Müll vermeiden? Schreibe 2 Tipps auf.**

/2

3 **Was gehört in welche Tonne? Verbinde richtig.**

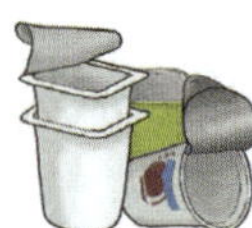

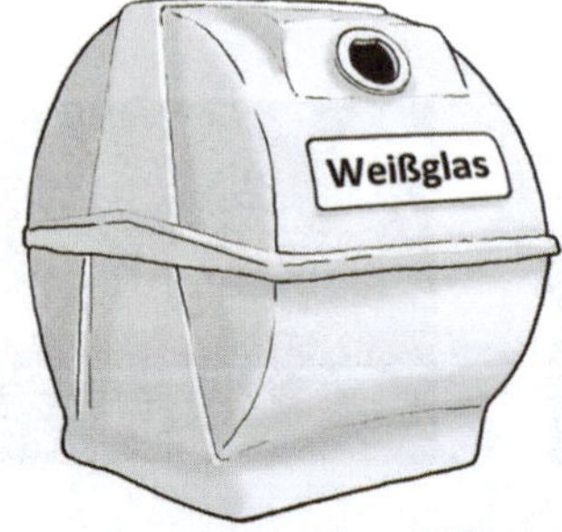

/4

4 **Nenne 2 Dinge, die du im Restmüll entsorgst.** /2

5 **Aus Altglas kann neues Glas hergestellt werden. Nummeriere die Bilder.** /1

6 **Wie nennt man den Vorgang, bei dem aus Dingen, die im Müll gelandet sind, etwas Neues gemacht wird? Kreuze die richtige Antwort an.** /1

- ◯ Reform
- ◯ Recycling
- ◯ Erneuerung

7 **Adrian braucht neue Stifte. Für welche sollte er sich entscheiden, wenn er die Umwelt schonen möchte? Begründe deine Meinung.** /2

Von 15 Punkten hast du _____ erreicht.

Ernährung

Die Ernährungspyramide

Essen und trinken ist wichtig. Dein Körper **wächst**. Du willst dich **bewegen** und in der Schule gut **lernen**. Deshalb ist es wichtig, dass du **abwechslungsreich** isst.
Die Ernährungspyramide hilft dir dabei:

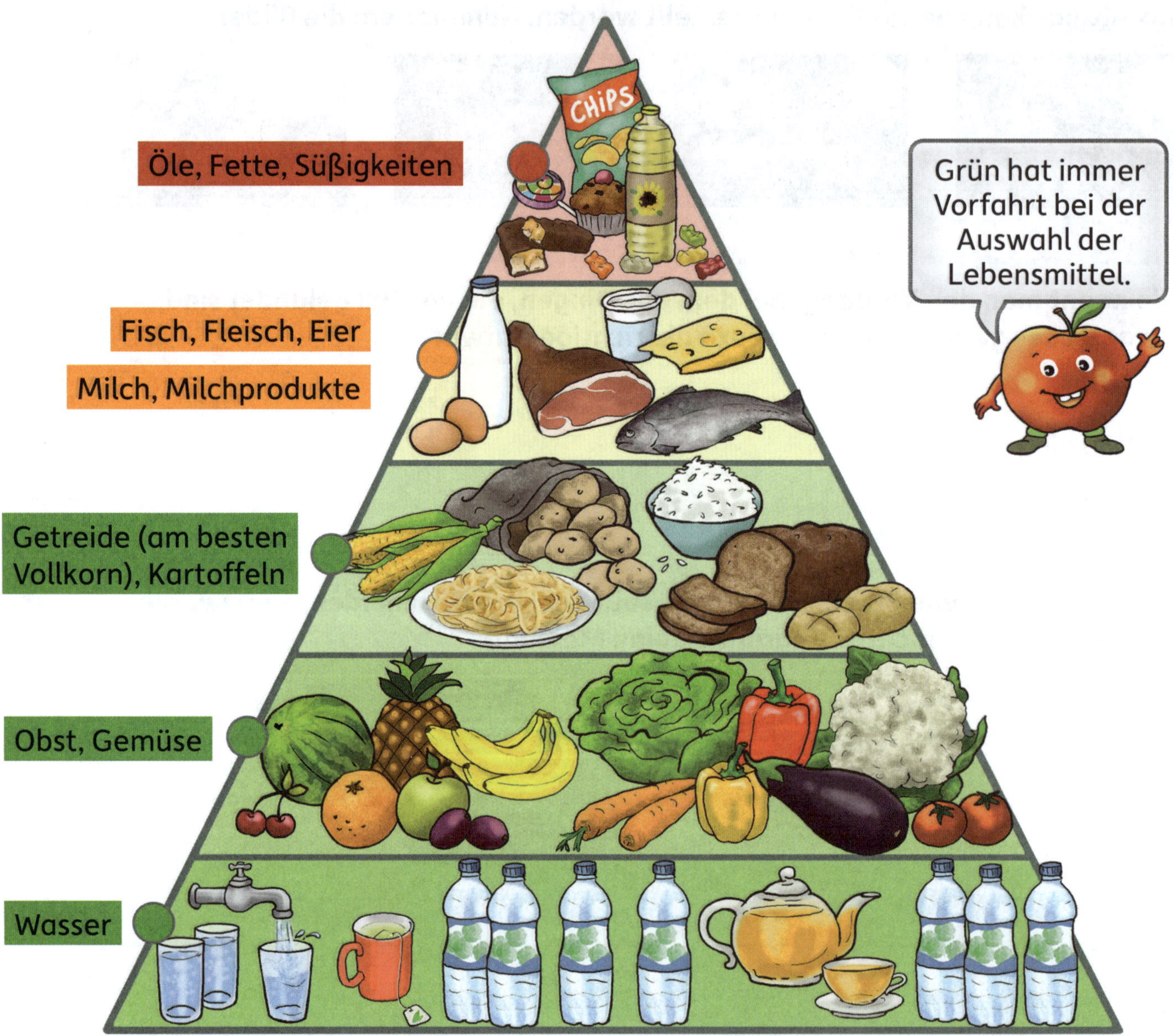

- 🟢 Von diesen Lebensmitteln kannst du täglich viel essen, vor allem von Obst und Gemüse (mindestens 2 Mal am Tag). Achte auch darauf, dass du viel trinkst. Es sollte Wasser oder ungesüßter Tee sein. Limonade und auch Säfte enthalten viel Zucker. Trinke sie nur ausnahmsweise.
- 🟠 Davon solltest du regelmäßig, aber nicht zu viel essen. So ist ungefähr 2 Mal in der Woche Fleisch oder Fisch genug. Manche Menschen verzichten ganz auf Fleisch. Man nennt sie Vegetarier.
- 🔴 Davon solltest du nur wenig essen.

Nährstoffe

Mit dem Essen stillst du nicht nur den Hunger. In der Nahrung sind **Nährstoffe** enthalten, die dein Körper braucht.

Nährstoffe, die deinem Köper helfen, **gesund zu bleiben**, heißen **Vitamine** und **Mineralstoffe**. Viele davon stecken zum Beispiel in:

Nährstoffe, die deinem Körper besonders viel **Energie** liefern, heißen **Kohlenhydrate**. Du brauchst sie besonders, wenn du dich viel bewegst. Wenn du abnehmen musst, solltest du weniger davon essen. Viele Kohlenhydrate stecken in:

Zum **Wachsen** braucht dein Körper Baustoffe z. B. den Nährstoff **Eiweiß**. Viel Eiweiß steckt in:

Zucker und Fett in Lebensmitteln

Zucker liefert uns schnell viel Energie. Aber er **schadet den Zähnen** und macht **dick**, wenn man zu viel davon isst.

Süßigkeiten enthalten viel Zucker. Deshalb solltest du sie nicht zu oft essen. Aber auch in anderen Lebensmitteln versteckt sich Zucker:

Auch **Fett** ist in vielen Nahrungsmitteln versteckt. Man kann es nicht so leicht herausschmecken. Manche Fette sind **gesund**, zum Beispiel Olivenöl oder Leinöl.

Andere Fette **schaden dem Körper**. Viel Fett steckt in:

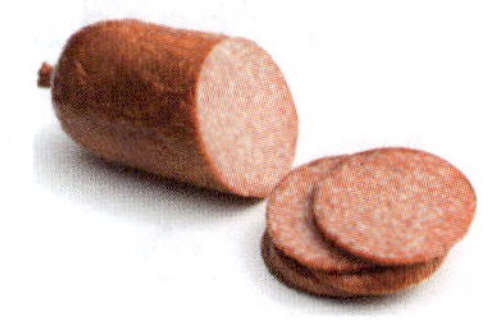

Hinten auf der Verpackung eines Lebensmittels kannst du nachlesen, wie viel Zucker, Fett und andere Nährstoffe enthalten sind:

Durchschnittliche Nährwerte	pro 100 g	pro Portion (40 g)
Brennwert	1666 kJ/397 kcal	666 kJ/159 kcal
Fett	12 g	4,7 g
davon gesättigte Fettsäuren	5,6 g	2,2 g
Kohlenhydrate	55 g	22 g
davon Zucker	15 g	5,9 g
Ballaststoffe	11 g	4,4 g
Eiweiß	12 g	4,7 g
Natrium	0,04 g	0,01 g

Darauf solltest du außerdem achten:

- Bewege dich viel, treibe Sport.

- Gehe viel an die frische Luft und lüfte dein Zimmer.

- Achte darauf, dass du ausreichend schläfst.

Test 1: Ernährung

1a **Wo findest du diese Lebensmittel in der Ernährungspyramide? Verbinde sie mit dem richtigen Stockwerk.**

/4

1b **Nenne 3 weitere Lebensmittel, von denen du täglich viel essen solltest.**

/3

1c **Nenne 3 weitere Lebensmittel, die du nur ausnahmsweise essen solltest.**

/3

2 **Kennst du dich mit Nährstoffen aus? Schreibe je 2 Lebensmittel auf, die besonders viel vom genannten Nährstoff enthalten.**

Kohlenhydrate

Vitamine

/4

3 **„Trinken ist gesund!", sagt Lea. „Ich schaffe jeden Tag 3 Flaschen Limonade und Apfelsaft." Stimmst du ihr zu? Begründe deine Meinung und gib ihr einen Tipp.**

/3

4 **Nach den Hausaufgaben erholt sich Finn immer vor dem Fernseher. Dazu gönnt er sich eine Tüte Gummibärchen. Hast du einen Tipp, wie eine gesündere Erholungspause aussehen könnte?**

/1

Von 18 Punkten hast du _____ erreicht.

Test 2: Ernährung

1a **Martin möchte ein gesundes Pausenbrot, das lange satt macht. Welchen der 3 Vorschläge sollte er wählen? Kreise ein.**

/1

1b **Hast du auch einen Vorschlag für ein gesundes Frühstück für Martin? Schreibe 4 Zutaten auf.**

/4

2 **Welche Lebensmittel sollst du nach der Ernährungspyramide häufig (●), gelegentlich (●) und nur ausnahmsweise (●) essen? Färbe den Punkt richtig ein.**

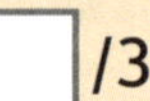

/3

3a **Oma möchte ein bisschen abnehmen. Hier hat sie aufgeschrieben, was sie gerne isst. Streiche durch, was sie nicht mehr so häufig essen sollte.**

Obstsalat mit Joghurt

Sahnetorte und Kaffee

Fisch mit Reis

Weißbrot mit Schokocreme

Schnitzel mit Pommes

Gemüse-suppe

Nudeln mit Sahnesoße

Kartoffel-chips

/4

3b **Hast du weitere Tipps, die Oma helfen, fit und gesund zu bleiben? Sie sollen nichts mit Essen zu tun haben. Schreibe 2 Tipps auf.**

/2

4a **In dieser Tabelle kannst du herausfinden, wie viel Zucker in einem Glas Limo steckt. Wo findest du die Angabe auf dieser Tabelle? Kreise sie ein.**

Durchschnittliche Nährwerte	100 ml	1 Glas (250 ml)
Brennwert	171 kJ / 40 kcal	428 kJ / 100 kcal
Fett	0,1 g	0,3 g
davon gesättigte Fettsäuren	0,02 g	0,05 g
Kohlenhydrate	8 g	20 g
davon Zucker	8 g	20 g
Ballaststoffe	0,2 g	0,5 g
Eiweiß	0,6 g	1,5 g

/1

4b **Wo findest du solche Tabellen?**

Ich finde die Tabelle klein gedruckt auf ...

/1

4c **Nicht nur in Limonade versteckt sich viel Zucker. Nenne 2 weitere Lebensmittel (außer Süßigkeiten), die viel Zucker enthalten.**

/2

5 **Verbinde die Lebensmittel mit dem Nährstoff, von dem sie besonders viel enthalten.**

Kohlenhydrate **Vitamine** **Eiweiß**

/3

6 **Kartoffeln gehören zu den Lebensmitteln, von denen du täglich essen kannst. Kartoffelchips solltest du aber nur ausnahmsweise essen. Warum ist das so? Erkläre in einem ganzen Satz.**

/1

Von 22 Punkten hast du ____ erreicht.

Die Uhr

Die Teile der Uhr

Das **Zifferblatt** ist meistens beschriftet mit **Zahlen** für die Stunden und **Strichen** für die Minuten.

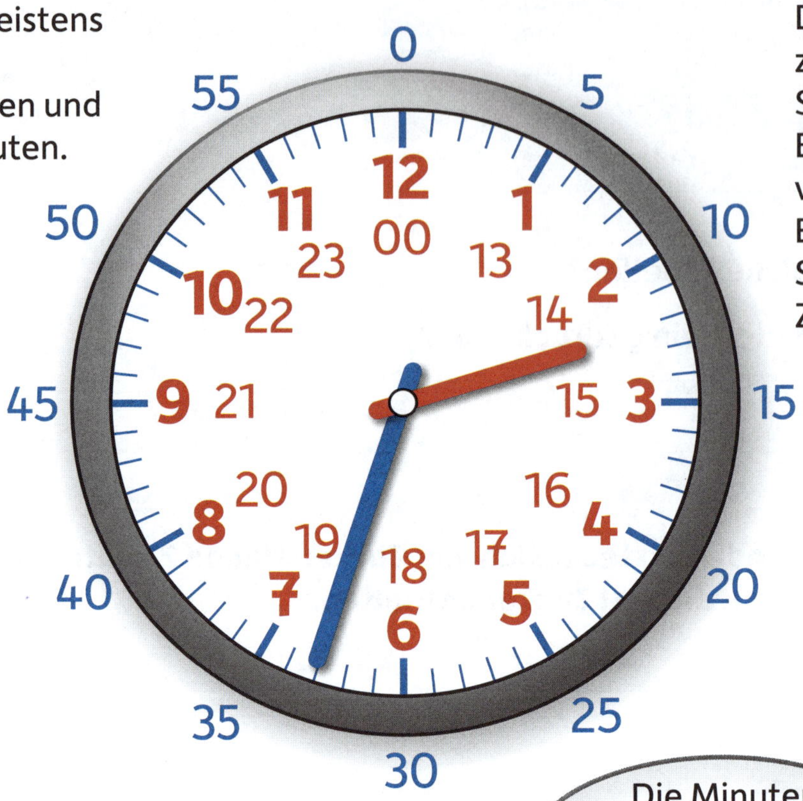

Der **Stundenzeiger** zeigt dir, wie viele Stunden seit Beginn des Tages vergangen sind. Er rückt in einer Stunde von einer Zahl zur nächsten.

Der **Minutenzeiger** rückt in einer Minute einen kleinen Strich weiter. In einer Stunde umrundet er einmal das Zifferblatt.

Die Minuten kannst du in 5er Schritten zählen: 5 - 10 - 15 ...

Stunden und Minuten

Ein **Tag** hat **24 Stunden**. Er beginnt um Mitternacht (0 Uhr). An einem Tag umrundet der **Stundenzeiger** das Zifferblatt **zwei Mal**.

In der **ersten Tageshälfte** zählen wir die Stunden von **0 Uhr bis 12 Uhr** mittags. In der **zweiten Tageshälfte** zählen wir die Stunden von **13 Uhr bis 24 Uhr**. Diese Zahlen sind aber auf einer Uhr normalerweise nicht dabei. Du musst sie dir merken oder abzählen.

Eine **Stunde** hat **60 Minuten**. In einer Stunde umrundet der Minutenzeiger das Zifferblatt einmal.

Eine **halbe** Stunde hat 30 Minuten.

Eine **Viertel**stunde hat 15 Minuten.

Eine **Dreiviertel**stunde hat 45 Minuten.

Wir lesen Uhrzeiten ab

Zuerst liest du die **Stunden** ab. Danach kommt ein Punkt.

Dann liest du die **Minuten** ab. Nun schreibst du noch das Wort „Uhr“ auf.

2.50 Uhr

Beim Sprechen rückt das Wort Uhr zwischen die **Stunden** und **Minuten**: „zwei Uhr fünfzig“.

Eine besondere Uhrzeit ist 24 Uhr oder 0 Uhr. Sobald es 24 Uhr ist, schreiben wir zum Beispiel 00.30 Uhr und sagen „Null Uhr 30“.

Wenn wir über Uhrzeiten **sprechen**, nennen wir sie manchmal anders, als du es oben siehst.

09.30 Uhr: „**halb** zehn“ (Der Minutenzeiger steht auf der **6**.)

11.15 Uhr: „**viertel** zwölf“ oder „**viertel nach** 11“ (Der Minutenzeiger steht auf der **3**.)

07.45 Uhr: „**dreiviertel** acht“ oder „**viertel vor** acht“ (Der Minutenzeiger steht auf der **9**.)

Verschiedene Uhren

Früher wurde mit diesen Uhren die Zeit bestimmt. Die Zeiten waren ungenau.

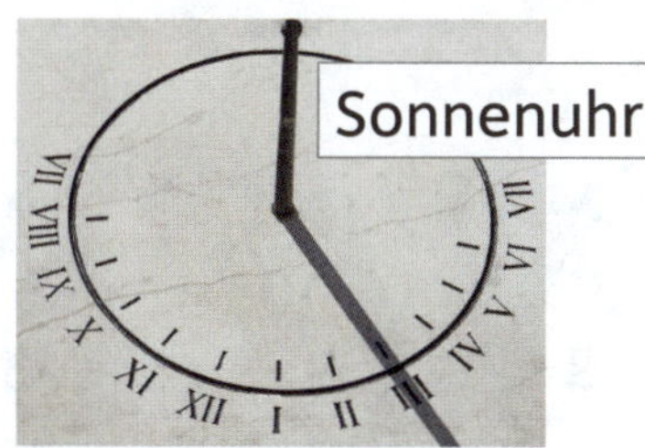

Verschiedene Uhren helfen uns **heute**, die Zeit genau zu bestimmen. Das ist zum Beispiel wichtig, wenn wir uns zu einer bestimmten Zeit verabreden.

Uhren mit Zeigern

Uhren ohne Zeiger (Digitaluhren)

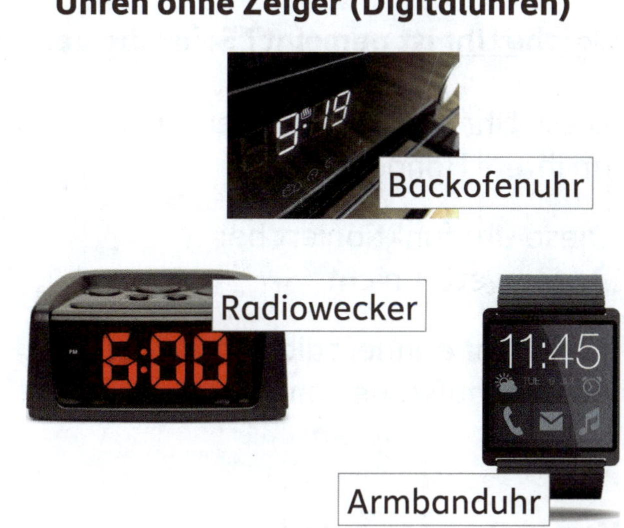

Test 1: Die Uhr

1 **Fülle die Lücken mit den richtigen Wörtern.**

Der längere Zeiger der Uhr zeigt die ______. Der kürzere Zeiger zeigt die ______. Ein Tag hat ______ Stunden. /3

2 **Schreibe immer zwei Uhrzeiten auf. Eine für die erste Tageshälfte, eine für die zweite Tageshälfte.**

/8

3 **Zeichne Stundenzeiger und Minutenzeiger richtig ein.**

17.55 Uhr   03.20 Uhr   0.10 Uhr   14.25 Uhr

/4

4 **Welche Uhr ist gemeint? Schreibe den Namen auf.**

Diese Uhr tragen viele Menschen an ihrem Handgelenk.

Diese Uhr funktioniert bei Regenwetter nicht.

Diese Uhr erinnert dich daran, dass du aufstehen musst.

/3

Von 18 Punkten hast du _____ erreicht.

Test 2: Die Uhr

1a Wie heißen diese Uhren?

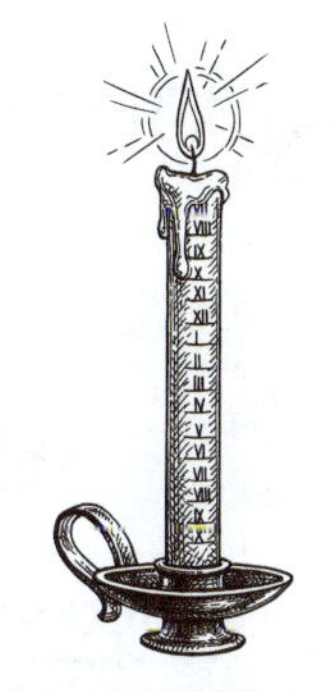

/3

1b Nenne 3 weitere Uhren, mit denen wir heute die Zeit bestimmen.

/3

2 Male alles, was zusammengehört, mit der gleichen Farbe aus.

3.30 Uhr | 14.45 Uhr | 8.15 Uhr | 13.30 Uhr

drei viertel drei | halb vier | halb zwei | viertel nach acht

/4

3 Zeichne die Zeiger der Uhr richtig ein.

7.35 Uhr

11.20 Uhr

halb acht

0.00 Uhr

/4

Von 14 Punkten hast du _____ erreicht.

Test 3: Die Uhr

1 Zu welcher Uhrzeit könnten die Sätze passen? Verbinde.

Luca sitzt in der Schule.

Luca liegt im Bett und schläft.

Luca spielt mit seinen Freunden Fußball.

Luca isst mit seinen Eltern zu Abend.

/4

2 Wozu brauchen Menschen Uhren? Schreibe einen Satz.

/1

3 Schreibe immer 2 Uhrzeiten auf. Eine aus der ersten Tageshälfte und eine aus der zweiten Tageshälfte.

/8

4 Fülle die Lücken mit den richtigen Zahlen.

An einem Tag umrundet der Stundenzeiger das Zifferblatt ☐-mal.

In einer Stunde umrundet der Minutenzeiger das Zifferblatt ☐-mal.

Eine Stunde hat ☐ Minuten. Eine halbe Stunde hat ☐ Minuten.

Eine Viertelstunde hat ☐ Minuten.

/5

Von 18 Punkten hast du ____ erreicht.